現代文壇繽紛錄

作家剪影篇

秦賢次 著

序

自序

　　感謝登山兄的緊迫盯人，我終於定下心來，先將舊作整理修訂一翻，再集成這本書。

　　本書所收12位二、三○年代文壇名家的傳記作品，係按筆者寫作及發表年代順序排列的。其中，由發表時的刊物來看，又可分為三個時期，茲略說如後，可視為我的寫作歷程一斑。

　　劉半農係寫作最早的一篇，原名〈劉半農的面面觀〉，係為配合好友瘂弦替洪範書店編選《劉半農卷》而寫的。後來又應大陸學人推介，修訂後再登於《海南師範學院學報》1991年第2期，這也係筆者在大陸大學學報發表的第一篇作品。收入本書時，經二度修訂，並改題為〈劉半農面面觀〉。

　　郁達夫、梁遇春、陸蠡之文，均係筆者為洪範書店編選《郁達夫南洋隨筆》、《梁遇春散文集》、《陸蠡散文集》等書時所寫的序跋文。以上四文，可說是「洪範」時期。洪範書店係摯友瘂弦及葉步榮、沈彥士等合夥創辦的，專出文學書籍。

　　民國七十六年至七十七年間，當時任職於政治大學國際關係研究中心的好友周玉山兄為光復書局主編一套

《當代世界小說家讀本》，筆者應邀為該叢書中之魯迅、許地山、郁達夫、茅盾、老舍、沈從文、巴金、錢鍾書等八位大師，或用傳記體裁或用年表方式寫成13篇文章。其中〈台灣第一作家——許地山〉一文，經已收於我的《秦賢次評論集》一書中，其餘如錢鍾書、老舍、魯迅等三文則收於本書中，可說是「光復」時期。再此有需一提的是，錢鍾書一文收有附錄〈清華才子錢鍾書〉一文，此係台灣報紙副刊有史以來刊登錢鍾書生平的第一篇文章。

民國七十九年一月，《文訊》月刊自51期起新開闢一專欄曰「文學家現身」，由筆者幫忙組稿，前後共出12期。施蟄存、柯靈、李霽野、趙蘿蕤四文即係由筆者撰述，分別發表於51、52、55、62各期上。這四位作家係筆者在之前兩年漫遊大陸時，於上海、北京、天津等地親身拜訪的諸多作家之一，拜訪均不止一次，且相談甚歡。其中，柯靈一文係增訂之後，再於八十三年一月發表於「從四〇年代到九〇年代——兩岸三邊華文小說研討會」上，柯靈先生曾參加該研討會，這也是我與柯靈先生會面的最後一次。

張道藩一文係特為「文訊雜誌社」所舉辦的一系列「近代學人風範研討會」寫成的，發表於八十年二月二十一日「文苑」。是日研討會由曾任中研院近史所所長的已故詩人、歷史學家王聿均先生主持，發表論文的，另有淡江大學教授李瑞騰先生的〈張道藩的文藝歷程〉，以及國立藝專教授鄧綏寧先生的〈張道藩的戲劇作品研究〉。以上五文，則可說是《文訊》時期。

自兩岸開放交流以來，新資料的出現幾無日無之，筆者藉此次出版新書的機會，對舊文均詳加修訂。同時，也回想到當年筆者撰寫這些文章時，為蒐集文學史料所遭遇的艱難痛苦，而不勝唏噓！

目錄

劉半農面面觀

民國二十三年，是北伐成功以後，較為安定的一年，國家正走向建設之道。文壇上，小品文大為流行，新刊物的出版，更是風起雲湧，一時有「雜誌年」之稱。幾次的文學論戰，真是熱鬧非凡。然而最轟動的，莫過於語言學家劉半農的英年早逝，為學術而犧牲一事了。

劉復，原名壽彭，民國元年在上海定居後，改名復。初字半農，有時亦署伴儂或瓣穠，後改字半農，晚號曲庵，筆名有海、L君、含星、寒星、范奴冬女士等。江蘇省江陰縣人，光緒十七年四月二十日（公元一八九一年五月二十七日）生。四歲啟蒙，由父親教其識字。六歲請塾師來教，能為詩，顯示半農的早熟與具有詩人的天份。十三歲開始受新式教育，入翰墨林小學，四年畢業。十七歲入常州府中學堂肄業，曾與國學大師錢賓四先生同學，時晚清中等學堂需滿五年始能畢業。劉半農於辛亥年初修業四年

劉半農先生最後留影

後，因故離校；夏，與同縣朱蕙英完婚；冬，北走清江，參加革命活動。

　　鼎革後，半農留在滬上，先則參加新劇團體開明社，擔任文學編輯。後來轉任《中華新報》特約編輯，中華書局編輯，上海實業學校及中華鐵路學校教員。常在報章雜誌上用文言發表小說，為當時所謂「禮拜六派」重要作家之一。在中華書局編輯任內，曾譯有偵探小說《歐陸縱橫秘史》、《黑肩巾》、《猫探》及《帳中說法》等四種與回憶錄《乾隆英使覲見記》一種出版。除後者係民國五年印行，著者為英國駐華大使馬嘉尼，具有歷史價值外，餘書均無甚價值，半農後來亦絕口不提。此外，劉半農還曾與中華同人嚴獨鶴、程小青、陳小蝶（即陳定山先生）、天虛我生、周瘦鵑、陳霆銳（法學家，六十五年在臺去世）、天侔、常覺、漁火等十人合譯柯南道爾之《福爾摩斯全集》共十二冊，收有四十四案，五年五月出版，至抗戰前已出了二十版，雖稱全集，實際只及原書三分之二，以文言譯

出，在白話文通行之後，仍廣受小市民喜愛，盛況頗有如目前的武俠小說然。

五年秋起，劉半農開始投稿《新青年》雜誌，發表當時頗受好評的《靈霞館筆記》，譯介西洋短篇名著及文壇軼事。其中一部分，後來曾收於《半農雜文》第一集中。五年冬回故鄉江陰約半年，六年夏北上，出任北大文預科教授時，年二十七歲，與胡適同齡，均為北大教授中最年輕者之一。十二月，北大成立文科研究所，分教員共同研究及學生研究兩種，劉半農曾參加後者「文章類」中的「小說組」，同人另有胡適之及周作人二人；學生僅僅有兩人。在研究會上，半農曾講過〈中國的下等小說〉，這是他以後提倡介紹民俗小說的開端。

從六年初胡適發表〈文學改良芻議〉起，《新青年》成為文學革命的司令臺，劉半農響應《新青年》的號召，成為文學革命的急先鋒之一，先後發表了〈我的文學改良觀〉（五卷三期）、〈詩與小說精神上之革新〉（三卷五期）、〈應用文之教授〉（四卷一期）諸文。頂有趣也發揮了最高效果的是，他與錢玄同兩人「唱雙簧」，由玄同扮作舊派文人，化名王敬軒，寫信抗議；同時由半農出面答覆駁得體無完膚。這兩篇膾炙人口的妙文，一為錢玄同的〈致新青年編者書〉，一為劉半農的〈復王敬軒書〉，同時發表於《新青年》四卷三期（七年三月十五日出版）上。

七年一月，《新青年》自四卷一期起，有重大的改革，首先由六人組成編委會，輪流主編，並宣稱：「所有撰譯，悉由同人公同擔任，不另購稿。」這表示《新青年》成為同人雜誌，劉半農亦為編委之一，同時開始刊登白話文及「新詩」（當時稱為「白話詩」）。一期

上刊出了新文學以來首次出現的九首新詩，作者為胡適之、沈尹默及劉半農三人。半農的成名作〈相隔一層紙〉即發表於此期。四期起，《新青年》更闢有「隨感錄」專欄，這是以後所謂「雜文的濫觴」，作者有劉半農、錢玄同及周氏兄弟等，均為後來雜文名家，《語絲》週刊主幹。這時半農與玄同可說是最親密的戰友，二人同為語言學家，大約半農後來的轉向語言學的研究，受玄同的影響最大。而此後半農的一生也受《新青年》同人的影響最深。

七年七月，教育部以公費指派直轄學校教授梁引年、鄧萃英、盧頌恩、楊蔭榆、沈葆德等五人赴美研究深造，留學期以二至三年為限；朱家驊及劉半農赴歐，留學期以二年為限，後二人均為北大教授，朱家驊赴瑞士研究地質學科，劉半農赴法研究言語學科。（詳見七年九月之《教育公報》第五年第十二期）惟劉半農因北大教學工作無人接替，決定延期一年。

八年四月廿一日，教育部「國語統一籌備會」在北京正式成立，經教育部指定張一麐為會長，吳稚暉、袁希濤為副會長，會員有劉半農及錢玄同、胡適之、周作人、馬裕藻等三十五人，均由部轄學校推選出來的。在五天的會議中，劉半農曾與胡適之、朱希祖、錢玄同、馬裕藻等人向大會提出「國語統一進行方法」議案，經決議通過。同年十二月處女作《中國文法通論》，由北大出版組印行，翌年八月，改由上海群益書社出版，廿八年八月再由昆明中華書局重排發行。

九年，「國語統一籌備會」成立一「國語詞典委員會」，劉半農為委員之一。後來與委員黎錦熙、錢玄同、顧頡剛、白滌州等合編

一部《中國辭典》，結果因承擔出版的書店倒閉，沒有印成，殊為可惜。是年二月七日，由滬首途前往英倫深造，開始民國以來最為深入，至目前為止也還算是空前的科學的語音學的研究。

劉半農之一心赴歐留學，傳說是一氣而促成的，發憤要到國外掙個博士回來。迫迂（李長之）在〈劉復〉（半農）一文中曾隱約提及：「當陳獨秀、胡適之們提倡文學革命的時候，一位剛從鴛鴦蝴蝶派文場中出來的叫劉半農者也在唱和。當時因為別人說他一句：『你懂些什麼，也有資格來提倡？』他就氣到法國。」魯迅在〈憶劉半農君〉一文裡曾敘述到劉半農加入文學革命陣容後的情形：「幾乎有一年多，他沒有消失掉從上海帶來的才子必有『紅袖添香夜讀書』的艷福的思想，好容易才給我們罵掉了。」接著說：「但他好像到處都這麼的亂說，使有些『學者』皺眉。有時候，連到《新青年》投稿都被排斥。……背後的批評，大約是很傷了半農的心的。」有些『學者』是誰，並沒有明言。周作人則在晚年的《知堂回想錄》上肯定的指出氣他的是胡適之，然後說：「劉半農當初在上海賣文為活，寫『禮拜六』派的文章。但是響應了《新青年》的號召，成為文學革命的戰士，確有不可及的地方。來到北大以後……英美派的紳士很看他不起，明嘲暗諷，使他不安於位，遂想往外國留學。」事實之是否如此，並不重要，因無更進一步的資料以資「小心的求證」。重要的是迫迂所說的：「假如這個傳說是對的，則他的專攻語言學是因中國文學革命而起，其目的也是提倡白話文吧？同時，那個在一氣就去法國之氣，是一個多麼可貴之氣；這氣不是驕傲，而正是謙虛；他反省自己之無學，從根本來研究語言。」

在英國一年多，劉半農除了在倫敦大學研究語言學外，仍致力於寫作新詩及民歌，《揚鞭集》中三首傑作〈教我如何不想她〉、〈一個小農家的暮〉及〈在一家印度飯店裡〉均是寫於是時。其中〈教我如何不想她〉及另一首〈茶花女中飲酒歌〉後來收於趙元任譜曲，民國十七年六月出版的《新詩歌集》中，而成為家喻戶曉至今還是最受歡迎的歌曲。同時民歌集《瓦釜集》亦於十年五月中旬編成，寄回國內給北大同仁周啟明（作人），當十五年該書與《揚鞭集》（上、中卷）先後由北新書局出版時，劉半農已學成歸國，回到北京了。

大約十年夏，劉半農轉赴法蘭西，入巴黎大學語言學院就讀，兼在法蘭西學院聽講，專研究語音學。翌年加入「文學研究會」，會籍號碼六十號。劉半農在留法四年期間，曾寫有〈國語問題中一個大爭論〉、〈守溫三十六字母排列法之研究〉、〈實驗ㄗㄘㄓㄔ四母之結果〉諸文及《四聲實驗錄》一書。後者曾由吳稚暉先生作序，十三年三月由上海群益書社出版。

十四年春，以法文《漢語字聲實驗錄》及《國語運動史略》兩長篇論文，獲得法國國家文科博士學位，並被推為巴黎語言學會會員，獲得法蘭西學院伏爾內語言學專獎，其《漢語字聲實驗錄》一文且由巴黎大學出版，列為《語音學院叢書》之一。

劉半農所得的文科博士，乃是國家授與的，與一般由大學本身所授的大為不同，據我所知，還是國人第一個獲得此榮譽的。後來前雲南大學校長熊慶來（迪之）先生於二十三年得巴黎大學理科數學博士，也是國家授與的。

　　劉半農通過博士口試的那一天是十四年三月十七日，據楊步偉女士在《雜記趙家》一書的生動描敘大約如下：劉半農帶著儀器赴試，主考官有六人，一考就是六個小時，當中只出去吃了一個咖啡什麼的，考完回家時，半農都要人架著走了。可見考國家博士激烈之一斑。

　　十四年七月三日，劉半農攜帶著大批的語音學最新儀器由馬賽動身回國，八月七日抵達上海。十四年秋起，返北京大學任國文系教授，兼北大研究所國學門導師、中法大學講師，並開始籌劃創立「語音樂律實驗室」。

　　同年九月十六日，北京幾個研究音韻的學者在趙元任家聚談開會，席中由劉半農提議發起「數人會」。「數人會」者源於隋朝語言學者陸法言之〈切韻序〉：「魏著作謂法言曰：我輩數人，定則定矣。」由此可見他們的抱負之大，當日到者另有錢玄同、黎錦熙、汪怡。十月十七日，開第二次會時，正式成立，林語堂亦來參加，會員僅此六人。前後一年中，共開會二十二次，主要工作即議定「國語羅馬字」的方式。除劉半農外，餘五人均為當時教育部「國語統一籌備會」中「國語羅馬字拼音研究委員會」之在京委員。

　　在發起「數人會」的前後，劉半農亦加入「語絲社」，發表其嬉笑怒罵皆成文章的雜文。先是孫伏園退出《晨報副刊》編輯後，提議自己出一周刊，得到魯迅、周作人兄弟的支持，《語絲》周刊乃於十三年十一月十七日創刊，由北大新潮社出版，李小峰負責發行事宜。李小峰之發迹即以代售《語絲》終而成立北新書局為開端。《語絲》社員大多為北大國文系師生，教授講師有周氏兄弟、錢玄同、張定璜（鳳舉）、江紹原、孫伏園、章廷謙（川島）；學生有章衣萍，僅

林語堂為英文系教授。劉半農與周氏兄弟及錢玄同均為同事，又為前《新青年》同人中性情較為接近者，與玄同及語堂更為研究語言音韻之同伴，其加入「語絲社」自可理解。當時《語絲》、《京報副刊》與《現代評論》、《晨報副刊》之對立，洵為文壇一大盛事，半農則為《語絲》之一員猛將。

十五年七月，國民黨開始北伐，北方則仍在軍閥控制之下，色彩比較鮮明的文人學者紛紛逃離北京，而劉半農毅然留了下來，捨不得離開他的第二故鄉。秋起，兼任中法大學伏爾德學院（後來奉部令改稱文學院）中國文學系主任，講授中國文法、語音學、法文戲曲等課程，時中法代理校長李石曾因「三一八」天安門慘案，為北洋政府通緝南下，校務由院長李書華代理。

同年七月一日起，劉半農主編北京《世界日報》副刊，前後達七個月之久，其以編者身份寫的文章，後來都收於《半農雜文》第一集。

十六年十月，國民政府「大學院」正式成立，以蔡元培為院長，代替原來的教育行政委員會及北洋政府時代的教育部，主管全國教育及學術事宜。次月，成立十個專門委員會，以推動院務，其中之一為「古物保管委員會」，劉半農為十九個委員之一。

十七年三月，中央研究院歷史語言研究所成立於廣州，傅斯年任所長。八月，劉半農應邀擔任該所研究員兼民間文藝組主任，前後半年，即因重回北大任教，未及兼顧，辭去此職，而中研院亦因經費關係，裁併此組。當時，劉半農曾擬有詳盡龐大的「工作計劃書」，雖然後來計劃終止，然就其已完成的部分看來已屬可觀。半農辭去後，

仍在院中任特約研究員，繼續這一方面的工作，但與原來計劃者，已稍有變動。

十七年十一月，「大學院」又改回到「教育部」。十二月，教育部改「大學院」時代之「國語統一會」（前身為前曾述及之「國語統一籌備會」）為「國語統一籌備委員會」，聘吳稚暉為主委，委員凡三十一人，前「數人會」六人均在其中。原所屬之「國語辭典編纂處」亦一併改名為「中國大辭典編纂處」，以黎錦熙為總主任，劉半農於十八年起至二十年止擔任該處編纂員兼纂著部第二組大學辭典股主任。

十八年二月，重返北京大學任教。「語音樂律實驗室」也完全布置就緒，由劉半農任主任，開始科學的語音研究及教學工作。七月，兼任剛蓋好新校舍之私立輔仁大學教務長，時輔大校長為史學家陳垣，秘書長為英千里。

十九年五月，又兼北平大學女子學院（翌年二月改稱女子文理學院）院長。時北平大學校長為李石曾，副校長為李書華，翌年初李石曾辭校長後，由沈尹默繼任，不復設副校長。

二十年秋起，蔣夢麟新任北大校長，致力於北大的革新，由中華教育文化基金董事會與北大本身每年各提出二十萬元，以五年為期，設立「研究教授」十五名，其人選「以對於所治學術有所貢獻，見於著述為標準。」「研究教授每周至少授課六小時，並擔任學術研究及指導學生之研究工作，不得兼任校外教務或事務。」十五位研究教授中文學院占五位，即周作人、湯用彤、陳受頤、徐志摩及劉半農。為遵照規定，劉半農辭去所有校外教務或事務之兼職，專任北大「中國

文學系」教授。一年後，又兼新成立之研究院文史部主任，心無旁騖，專心一志於本行的研究工作。

二十三年六月十九日，劉半農與白滌州，沈仲章等人帶著語音儀器，由北平沿著平綏鐵路赴綏遠、山西等地調查方言，沿途記錄語言聲調，採集民謠民俗等頗有所得，並攝有照片多幀，往返共歷時三星期。回程經過張家口時得了「回歸熱」開始發燒，回到北平後，終以身體羸弱，由熱病再轉為黃疸病，於七月十四日下午二時許溘然長逝，享年四十四。此行最主要的目的，是想寫一篇精湛深入的學術性論文，代表中國學術界，參加「國際地理學會」為紀念瑞典考古學家斯文赫定博士七十壽辰而編印的一本世界性論文集，想不到因此而犧牲了一位年輕的中國學者。半農死後，摯友錢玄同之輓聯，敘述其一生最為得體，原文如下：

> 當編輯《新青年》時，全仗帶感情的筆錄，推翻那陳腐文章，昏亂思想；曾仿江陰「四句題山歌」，創作活潑清新的《揚鞭》、《瓦釜》。回溯在文學革命旗下，勳績弘多；更於立道有功；是痛詆亂壇，嚴斥「臉譜」。
>
> 自首建「數人會」，親製測語音的儀器，專心於四聲實驗，方言調查；又纂《宋元以來俗字譜》，打倒繁瑣謬誤的《字學舉隅》。方期對國語運動前途，貢獻無量，何圖哲人不壽，竟禍起蟣虱，命喪庸醫。

劉半農父親實珊公是一位老教育家，在故鄉江陰辦學，很有名聲。大弟天華，小半農四歲，以國樂出名，為南胡琵琶聖手，亦為名作曲家，其名作〈空山鳥語〉、〈病中吟〉等，至今仍百聽不厭，為國人所經常演奏者，早半農二年，即民國二十一年六月八日因猩紅熱病去世。翌年，劉半農編有《劉天華先生紀念冊》一書，以紀念他。二弟北茂，小半農十二歲，燕京大學畢業，也是專攻國樂的音樂家，曾在南北各大學擔任音樂教授多年。

半農夫人名朱惠，字蕙英。子女三人，老大為長女育厚（小蕙），生於民國五年，後來曾譯有《法國中古短笑劇》一書，二十六年五月，由上海中華書局出版。老二老三為一男一女之孿生子，因生於倫敦，故一名育倫、一名育敦。

半農文章很是幽默，其談吐亦頗為風趣，有人稱之為東方曼倩第二，但並非是個不拘束的人。實則，有時候還真有些像「端莊肅敬」的道學家，這一點與錢玄同也有點相像吧。

以下擬對半農的學術貢獻，作一概略的敘述，若前文已經提及者，則盡量避免重複。

新詩與民歌

劉半農是文學革命初期最早發表詩作的少數《新青年》同人之一，在新詩的啟蒙時期，占有很重要的地位。中國新詩史上，雜誌首先發表新詩的是四卷一期的《新青年》，時間為民國七年元月，作者三人即胡適之、沈尹默與劉半農，作品共九首；劉半農發表的兩首為

〈相隔一層紙〉及〈題女兒小蕙周歲日造像〉。其早期的詩，大多收於十五年六月出版的《揚鞭集》（上卷）。《揚鞭集》原計劃出三卷，上卷收六年至十年所作；中卷收十年至十四年回國止所作，後於十月出版；下卷預定收譯詩，惜未出版。半農在其《揚鞭集》自序上說：「我在詩的體裁上是最會翻新花樣的。當初的無韻詩，散文詩，後來的用方言擬民歌，擬『擬曲』，都是我首先嘗試。至於白話詩的音節問題，乃是我自從九年以來無日不在心頭的事。」誠然，劉半農是啟蒙期新詩人，能自舊詩詞的桎梏中蛻變出來的少數作家之一，而運用口語之靈活，駕馭方言之純熟，所作具有白描之美，表現純樸自然之意境，不能不推為啟蒙期詩人中之第一位。而《揚鞭集》中最有價值的，即為這一部分。仿佛周作人早年曾推許說，其所見三個最具天份的詩人一為俞平伯、一為沈尹默，另一即為劉半農。

　　至今日為止，新詩人中用方言寫作民歌最為成功的，仍不能不推劉半農，這完全得歸功於他是語言學家，是音韻學家，最重要的，他也是民俗學家。他所採用的為江陰及北京兩種方言，少數收於前述的《揚鞭集》卷中。至於民國十五年四月出版的《瓦釜集》，則全為江陰民歌。半農在〈寄瓦釜集稿與周啟明〉一文中曾說明道：「用江陰方言，依江陰最普通的一種民歌──『四句頭山歌』──的聲調，所作成的詩歌十多首。」蘇雪林女士認為半農所擬山歌無一不生動佳妙；所擬民歌聲調悠長，含思宛轉，最足表現民間戀歌真實的精神與色彩；所擬兒歌立意直爽，措詞簡單，音節又很短促，正合乎那些天真爛漫的孩子們的口氣，即使有以上種種優點，但卻勸我們萬萬不能學也不必學的。她以為：「民歌雖具有原始的渾樸自然之美，但粗俗

幼稚，簡單淺陋，達不出細膩屈折的思想，表不出高尚優美的感情，不能叫做文學。我們從它擴充發展，如杜甫白居易等人採取古樂府格調，另創新作，才是正當的辦法。」（見其〈《揚鞭集》讀後感〉一文）這種看法正確與否，只有留待高明的讀者作一判斷。

雜文與小品文

劉半農詩作除了上述兩種外，亦曾編輯一冊《初期白話詩稿》，廿二年春，由北平星雲堂出版。書中影印民國六至八年間，李大釗、沈尹默、周作人、胡適之、陳衡哲（女）、陳獨秀、魯迅等八人之二十六首新詩原稿，除了可作啟蒙期新詩史料外，並可令人欣賞作者的手跡。

劉半農早年所作的散文是所謂「語絲體」的，後來曾先後出版《半農雜文》二集。第一集為作者生前自編，廿三年六月由北平星雲堂書店出版；第二集由其高足商鴻逵代編，廿四年七月由

《劉半農卷》

《初期白話詩稿》

上海良友圖書印刷公司印行。周作人在〈答伏園論「語絲的文體」〉（《語絲》第五十四期）一文中曾適切的説明所謂語絲體係「大家要説什麼都是隨意，唯一的條件是大膽與誠意，或如洋紳士高唱的所謂『費厄潑賴』（fair play）。其內容則五花八門，上至「宇宙之大」，下至「蒼蠅之微」，無所不談。其筆調則激烈莊重與謾罵詼諧，一齊並來，有時甚至説著流氓似的話。」（周作人語）這種文體後來發展為二支。一支偏向於論時事，砭錮弊，具戰鬥性的「雜文」，利如「投槍」，鋒如「匕首」，以黎烈文主編的《申報・自由談》為大本營；一支偏向於話家常，説人生，寫景色，為抒情性的「小品文」，文體清新自然，內容平和沖淡，以林語堂主編的《人間世》半月刊為發祥地。半農在《語絲》時代發表的文章既潑辣又流利暢快，很能引人入勝，與吳稚暉一樣，顯然很受《何典》一書的影響；晚年在《人間世》發表的〈雙鳳凰專齋小品文〉，採用淺近文言，為文更加凝煉，與林語堂走的是相同的一條路，周作人以為「文章裡邊存著作者的性格，讀了如見半農其人。」與早年的文章相比，「清新的生氣仍在，雖然更加上一點蒼老與著實了。」（見《知堂回想錄》）

劉半農在其《雜文》第一集的序上説：「我以為文章是代表語言的，語言是代表個人的思想感情的，所以要作文章就該赤裸裸的把個人的思想情感傳達出來；我是怎樣一個人，在文章裡就還他是怎樣一個人，所謂『以手寫口』，所謂『心手相應』，實在是做文章的第一個條件。因此，我做文章，只是努力把我口裡所要説的話譯成了文學：什麼『結構』，『章法』，『抑、揚、頓、挫』，『起、承、

轉、合」等話頭我都置之不問,然而亦許反能得其自然。」我想「文如其人」,是劉半農文章的最大特點。

語言與語音

自胡適之發表〈文學改良芻議〉一文,提出「文學革命」的主張,陳獨秀與劉半農二人首先響應,錢玄同隨後附和,四個人都是語言學家。劉半農的〈我之文學改良觀〉一文即注意重語言、音韻與文法標點。半農到北大的第二年,即講授文法課程,其《中國文法通論》一書,係清末《馬氏文通》以來,第一本用新觀點寫成的文法書。後來半農又曾編有《中國文法講話》(上冊)一冊,廿一年十一月由上海北新書局出版。

八年四月下旬,教育部「國語統一籌備會」在北京開成立大會,會員中劉半農與馬裕藻、周作人、朱希祖、錢玄同及胡適之等六人均為北大文科同人,曾聯名提出「請頒行新式標點符號議案」,經

《中國文法講話》

決議通過。該議案於十一月底修正後再送教育部，九年二月二日，由教育部通咨全國各省轉發各校採用，是即今日通行標點符號的由來。

十四年春，劉半農獲得法國語音學國家博士後，曾帶回許多語音學的最新儀器，在北大籌設「語音樂律實驗室」。方師鐸先生在〈記劉半農先生〉一文裡曾提及他在這方面的偉大成就云：「民十八，北大的『語言樂律實驗室』才完全布置就緒，可以利用儀器，測量出語音的浪紋曲線，劉先生也就憑藉這些儀器測繪的結果，寫出《聲調之推斷及聲調推斷尺之製造與用法》、《調查中國方音用標音符號表》、《北平方音析數表》等專書。劉先生的抱負是很大的，他打算以北大的『語音樂律實驗室』為中心，把中國各地方言裡的聲調，作一次總清算；要把中國各地方的語言裡的聲調曲線完全用儀器測繪出來，寫成一部《四聲新譜》。這還不算，他還打算更進一步，調查全國的方言，著成一部《方言字典》。如果調查順利，工作的人員多，他還希望按照法國語音地圖的辦法，編成一套《中國方言地圖》。此外，他還打算利用錄音機，把中國各地方的方言都錄下來作研究的資料；同時對於社會上流行的俗曲，以及將要失傳的音樂，也都兼容並蓄，希望成立一個大規模的『錄音庫』。」

對劉半農最為賞識，並資助其留學英法的前北大校長蔡元培在〈故國立北京大學教授劉君碑銘〉一文中稱讚半農在語言學上的科學成就道：「製劉氏音鼓甲乙兩種，乙二聲調推斷尺，四聲摹擬器、審音鑒古準，以助語音與樂律之實驗；作調查中國方音音標總表，以收著各地方言，為著音庫之準備；仿漢日晷儀理意，製新日晷儀；草編纂《中國大字典》計劃；參加「西北科學考察團」，任整理在居延海發現之漢文

簡牘。雖未能一一完成，然君盡瘁於科學之成績已昭然可睹。」這種毅力，這種科學頭腦至今未見替人，為國語學界莫大的損失。

十七年教育部成立「中國大辭典編纂處」，並由政府撥北平中海居仁堂西四所為處址，劉半農任編纂員兼大學辭典股主任。二十一年六月完成《中國大辭典》稿本第三冊「一」字長編，未校印。後來《中國大辭典》全稿編成付印，改名《國語辭典》，時劉半農已去世，但裡面還包括著半農的一部分心血。

其他零篇文章有〈釋「來」「去」〉一文，刊於《國語周刊》廿四期，〈打雅〉一文，收於《半農雜文》第一集中。另外，劉半農曾將法國語言學家Paul Passy的《比較語音學概論》一書譯出，二十年九月由上海商務印書館出版。後來重印時，列為《大學叢書》之一。

民間文藝與通俗小說

民間文藝，現在一般習稱「俗文學」。劉半農則是語言學家中特別注重民間文藝的一個人。他在十七年擔任中央研究院歷史語言研究所民間文藝組主任時所擬的「計劃書」，第一條即開宗明義規定：「民間文藝之範圍為歌謠、傳說、故事、俗曲、俗樂、諺語、謎語，歇後語、切口語、叫賣聲等，凡一般民眾用語言、文字、音樂等表示其思想情緒之作品，無論有無意識，有無作用，均屬之。」

劉半農自民國六年起，即在《新青年》上用北京及江陰方言作新詩，有時更模仿民歌、山歌的語氣作詩。而半農的研究民間文藝，始於六年冬在北大開始徵集歌謠起。

民國二十五年四月四日，北京大學研究院文科研究所「歌謠研究會」復刊《歌謠》周刊，胡適之在「復刊詞」上寫道：「北京大學開始徵集歌謠，是在民國七年的二月。從七年五月底起，劉半農先生的《歌謠選》，陸續在北大《日刊》上發表，前後共計登出了一百四十八首。民國九年冬天成立了『歌謠研究會』，由沈兼士、周作人兩先生主持。民國十一年十二月十七日，是北京大學的二十五周年紀念日，北大研究所國學門舉辦了一次成績展覽，並在這一天刊行了第一期的《歌謠周刊》。」

我們知道北大「歌謠研究會」是全國唯一的徵集與研究歌謠的學術團體，其前身為北大「歌謠徵集處」，成立於民國七年春，即係由劉半農與沈尹默兩人提議發起的。

民國八年八月間，半農由故鄉回到北京時，在路上從船夫口中記錄下二十首民歌，編成《江陰船歌》一書出版，當時周作人曾寫有一序，說明民歌的價值。後來劉半農的新詩集《揚鞭集》中的一部分及《瓦釜集》全部均為模仿民歌體裁寫成的。以劉半農駕馭語言的能力及其對民歌的研究有素，這些民歌體的新詩均寫得很成功，很感人，但是對新詩壇幾乎沒有影響，這是時代使然。劉半農對於民歌的喜好是世界性的，他翻譯了許多其他國家的民歌，後來在十六年四月時編成《國外民歌譯》一書出版，書後附有〈海外的中國民歌〉一文，讀來甚為有意思。

在北大徵集歌謠的同時，劉半農亦曾蒐集兩百餘種為一般文人所瞧不起，卻在民間流傳的低級通俗小說，加以分析研究，於民國七年三月廿九日在北大文科國文門研究所講演〈中國之下等小說〉，並給

予肯定的價值。

十四年夏，劉半農由海外回國後，開始校輯出版民間通俗小說諸如：《何典》、《癡華蔓》、《西遊補》、《香奩集》、《渾如篇》等，以及富有歷史價值的小冊子《太平天國有趣文件十六種》；並與友人翻印流傳《清平山堂話本》、《永樂大典戲文三種》、《金瓶梅詞話》等書，凡此都只不過是劉半農在民間文藝多方面的興趣之一，然而他都是以學術研究的態度，努力以赴，並非為名為利。有趣的是，因為劉半農的頭巾氣作怪，他在編校《何典》時，就曾刪削了不少，原因是不雅馴，但是刪得並不徹底，因為許多不雅馴的地方仍保存下來，所以然者，他到底不是文藝檢查官，而是具有七分士大夫氣的書生之故。

十七年任職中央研究院後，即與院中同人李家瑞開始民間文藝的深入而龐大研究工作。十九年二月，《宋元以來俗字譜》由中央研究院出版，提供民俗學者一研究利器。廿一年五月，《中國俗曲總目稿》一書亦由中研院出版，十六開本，厚達一千二百七十六面，這是劉李兩氏根據北平孔德學院從四王府購得的大批曲本，加上中研院史語所、北平圖書館、故宮博物院和半農個人藏書共六千多種編成的。蒐錄的標準，係除了故事傳說之外，凡屬俗文學講唱的部分，都歸類為俗曲，劉半農在「序」裡加以說明：「俗曲的範圍是很廣的，從最簡單的三句五句的小曲起，到長篇整本，連說帶唱的大鼓書，以至於許多人合同扮演的繃繃戲。」又說明：「歌謠與俗曲的分別，在於有沒有附帶樂曲，不附帶樂曲的如〈張打鐵，李打鐵〉，就叫做歌謠；附樂曲的如〈五更調〉，就叫做俗曲。」就民國以來的俗曲蒐集工作來說，迄今為止，本書仍為空前之作。

除了以上兩書外，劉半農編有《敦煌掇瑣》上、中、下三輯，十九年至廿四年間由中研院出版，對於保存中國固有文獻方面，居功甚偉，對於後來人的研究，則更是方便，而這種踏實然而煩瑣的工作，通常為一般學者所不屑為的，在這一點上，令我們更能欽佩劉半農的學人風範。

其他

　　劉半農的多才多藝可說是很少人能比得上的，除了是傑出的新詩人、散文家、語音學家、俗文學家外，又精於書法及攝影。為了研究攝影，半農約集同好發起「光社」，並出版《光社年鑑》兩集。對於攝影所抱持的態度，由其《半農談影》（十六年十月，北京真光攝影社寄售）一書，可知半農是為消遣而攝影，但需在攝影裡顯示出自己的精神或情趣，而這一點半農的確做到了，這是常人所難及的地方。

　　劉半農在留法回國初期，除了在講堂教授「法國戲曲」外，也曾譯有小仲馬的劇本《茶花女》，左拉短篇小說《失業》、《貓的天堂》以及一本《法國短篇小說集》等四冊，除《茶花女》於十五年七月出版外，餘三種均在十六年出版，發行者均同為北新書局。我記得劉半農曾譯有一篇題名〈流星〉的散文，幾乎為各種國文課本所必選，除了內容適合做教材外，其譯文的流利與忠實也是一流的。為了他的頭巾氣緣故，他的翻譯法國小說亦如同編校《何典》時一樣，碰到不雅馴的地方，便刪削掉。

最後必須一提的是，半農去世前一年冬天，起意為賽金花寫一傳記，他以為賽金花這個人「在晚清史上和西太后可謂一朝一野相對立」，很有訪問與研究的價值。因此與商鴻逵及鄭穎孫、賽金花聚談有十多回，在半農去世後，始由商鴻逵整理完竣，題名《賽金花本事》，署劉半農、商鴻逵合著，於二十三年十月由北平星雲堂書店印行。該書後來曾由臺灣藝文志文化事業公司於五十九年十月重排出版，並改書名為《劉半農訪賽記》。

六十六年十一月十三日完稿
八十年一月十七日修訂稿
修訂稿原載《海南師範學院學報》
一九九一年第二期

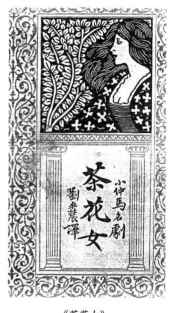

《茶花女》

郁達夫其人其文

郁達夫，原名文，譜名蔭生，字達夫，後以字行，浙江富陽人。生於前清光緒二十二年陰曆十一月初三（公元一八九六年十二月七日）。在新文學家中，與徐志摩、陳西瀅、傅斯年、沈雁冰、謝六逸、胡愈之、鄭伯奇、何畏等同年生。是年，為中國和日本甲午戰爭失敗後第三年，清廷正下詔罪己，準備變法自強。大清政府於是年二月，由總稅務司英人赫德主事，成立郵政總局，是為中國自辦郵政之始。四月，李鴻章藉赴俄祝賀俄皇尼古拉二世加冕典禮，與俄簽訂密約，共同防日；七月，黃遵憲、梁啟超等在上海創辦《時務報》，鼓吹維新變法。同年，嚴復譯成英人赫胥黎之《天演論》；又，張之洞奏派二人赴日本留學，是為中國派遣留學生赴日之始。

富陽縣位於富春江之北，離杭州水道約一百里，雖是山明水秀，但實地瘠民貧，是個小縣城。達夫家為世代書香，自太平天國

亂後，漸漸沒落，家境貧困。父名企曾，母姓陸，達夫則排行第三，為郁家幼子。長兄名慶雲（一八八四～一九三九年），後改名華，字曼陀，清末以官費留日。民國二十八年十一月二十三日，為汪偽政權派人暗殺，時任上海高二分院庭長；二兄名浩（一八九一～一九七一年），字養吾，清末杭州陸軍小學堂畢業，入民國後，改入國立北京醫專深造，畢業後，曾於民國八年考取第二屆文官高等考試，分發至海軍部服務，後來回家鄉行醫。

達夫七歲時始啟蒙，接受舊式的書塾教育，九歲時即能賦詩，其〈自述詩〉云：「九歲題詩四座驚」，正顯示出達夫的聰慧和具有文學家的天份。翌年，即光緒三十一年，清廷詔令廢止科舉考試，並將各省縣原有書院，一律改建為新式學堂，一切士子皆由學堂出身，一千餘年之傳統的科舉制度，至此終止。

十三歲，即光緒三十四年春，達夫由舊式書塾「春江書院」轉入新式學堂的富陽縣立高等小學肄業，「在全校

郁達夫像

的學生當中，身體年齡，都屬最小的一個。」[註1] 同學中，並有幾位是進過學的秀才，年齡都在三十左右。時晚清學制係春季始業，高小需肄業四年，始能升入五年制的中等學堂。翌年春，以學年成績優異，跳了一班，直接升入三年級，至宣統三年初春，修滿三年後畢業。畢業的第二天，首次遠離故鄉，由水路赴省垣杭州，考入杭州府中學堂，但以費用不足，改考入學膳費用較為便宜的嘉興府中，肄業五個月後，在六月時因病回鄉休養，並在家自修，暑後即不想再回去。九月，異日成為「文學研究會」巨子的沈雁冰也來嘉興府中求學，但與郁達夫失之交臂，因是月達夫已轉入半年前考上而未入的杭州府中，同班同學中，後來成名的有詩人徐章垿（志摩）、國學家蔣起龍（伯潛）、兒童教育家董時（任堅）等人。達夫這時在同學中得了一個「怪物」的綽號，因為由同儕中看來，達夫是個「不善交際，衣裝樸素，說話也不大會說的鄉下蠢才，做起文章來，竟也會得壓倒儕輩，當然是一件非怪物不能的天大的奇事。」[註2]

達夫在讀杭府中學時，曾偶然於舊書肆中買了一部《西湖佳話》及一部《花月痕》，這是達夫有意看中國小說時，最早接觸的兩部小說。當時，達夫的興趣主要仍在於舊詩詞，後來曾試著投稿於《全浙公報》，之後漸及於《之江日報》，甚至遠至上海的《神州日報》，起初用的是假名筆名之類，幾年之後，覺得投稿已經有七八成的把握，才用真名發表，當然所登的作品均為舊詩詞。在後來「創造社」諸作家中，舊詩的造詣，無疑以達夫的功力最為深厚。

先是，宣統二年秋，達夫長兄曼陀自日學成歸國，應清廷留學生考試及格，獎給舉人銜，以七品小京官分發外務部服務；二兄養吾亦

自陸軍小學堂畢業，入部隊擔任相當於現在排長的職務，達夫的家境也逐漸富裕起來。達夫在杭州府中肄業不到三個月，因辛亥革命，風潮波及到杭州，學校暫時停辦，乃又回故鄉富陽自學。

之江大學是我國教會大學中成立最早的一家，在清道光二十五年（公元一八四五年）由美國長老會創辦於浙江鄞縣，當時稱為「崇信義塾」，嗣後遷移至杭州塔兒巷，並改名為「育英書院」，至宣統三年成立校董會，並於二月再遷至江干二龍頭新址，更名之江學堂，後來再改稱之江大學，設有正預兩科，是時學生僅有百餘人。民國元年九月，達夫在輟學半年後，轉入之江預科，自云係為了學好英文，同時也為大學這一個誘人的名銜所惑。然而進去之後，卻大失所望，主要是為了學校太過於濃厚的宗教氣氛及課程，這一點可說是清末民初各教會學校的通病，以達夫性格之不羈，自較他人更不易忍受，終於引發風潮而退學，在校還不及半載。

民國二年春，自之江退學後，杭州另一所教會學校，即美國浸禮會所辦的蕙蘭中學反而把達夫他們當作義士看，以極優厚的條件表示歡迎他們就讀。達夫在蕙蘭中學讀不到幾個月，又因看不慣學校教務長之「奴顏婢膝，諂事外人」，再度拂袖而去，仍回富陽自學。

大革命的浪潮過去之後，新體制的政府迅即成立，然而對達夫的影響似乎不大，由於對學校教育的悲觀，達夫在家鄉前後過著將近一年多的獨居苦學生活。達夫以為：「而實際上這將近兩年的獨居苦學，對我的一生，卻是收穫最多，影響最大的一個預備時代。」[註3]

然而蛟龍終非池中物，達夫並不願甘心死守故鄉默默以終的。時機終於到來，民國二年九月，達夫長兄曼陀原服務於京師高等審判

廳，擔任推事之職，當時北京政府為擬改訂司法制度之故，選派其赴日本考察司法，達夫終於乘機隨行赴日留學。達夫事後回憶說：「實在再也忍耐不住了，即使沒有我那位哥哥的帶我出去，恐怕也得自己上道，到外邊來尋求出路。」註4

到了東京以後，為期能考取官費生，達夫於十一月起在神田正則學校補習中學功課以外，晚上還到夜校學習日文，孜孜苦讀半年多，終於翌年七月考上東京第一高等學校豫科，獲得官費生的資格，時年十九歲。

清末中國政府和日本文部省（教育部）曾訂有五校官費的協定，五校指東京第一高等、東京高等工業、東京高等師範、千葉醫學專門、山口高等商業，自光緒三十四年起，十五年內，凡考取該五校者，由中國政府給予官費，共收學生一百六十五人，其中東京一高佔六十五人。該五校，入民國後，專為中國學生設有一年豫科，畢業後即升入本科與日本學生一起上課，若高等學校則肄業三年後，便可直升帝國大學。以是考取一高豫科者，不啻保證如能順利升學，則七八年內直至大學畢業止註5，都能享受公費，是以競爭特別激烈。

當時日本學制，高等學校共分八所，除一高在東京外，餘均在外縣市，課程分為三個部門，修文哲政經等科者列為第一部；修理工科者列為第二部；修醫科者列為第三部，為中國學生特設的一高豫科也是這樣分科的。豫科畢業後，需憑成績及志願分發到八個高等學校，因此若想直升一高本科者，就得成績特優始能如願。

民國三年七月，與郁達夫同時考入一高豫科者有阮湘（淑清）、李希賢（閌亭）、陳延炯（地球）──以上第一部；彭維基（欽明）、

張資平——以上第二部；郭開貞（沫若）、錢潮（江胥）、范壽康（允臧）——以上第三部，其中范壽康後來由第三部改入第一部，而郁達夫考入時是第一部，畢業前改入第三部，改科的原因是聽了長兄曼陀的話，為了將來醫生的出路好。張資平（一八九三～一九五九年），廣東梅縣人，民初留日，元年十月至二年七月肄業東京同文書院，三年夏考入一高豫科，時年二十二。郭沫若（一八九二～一九七八年），四川樂山人，三年元月留日，考取一高豫科時，年二十三。後來「創造社」的成立，實契機於郁達夫、郭沫若及張資平在一高豫科同學一年的關係。

在一高豫科的一年，達夫曾回顧道：「這一年的功課雖則很緊，但我在課餘之暇，也居然讀了兩本俄國杜爾葛納夫（即屠格涅夫——筆者）的英譯小說，一本是《初戀》，一本是《春潮》。」[註6]同學郭沫若也回憶說：「達夫很聰明，他的英文德文都很好，中國文學的根底也很深，在預備班（即豫科——筆者）時代他已經會做一手很好的舊詩，我們感覺著他是一位才士。他也喜歡讀歐美的文學書，特別是小說，在我們的朋友中沒有誰比他更讀得豐富的。」[註7]

四年七月，一高豫科畢業時，達夫考得第三部的第四名，九月分發至名古屋八高；郭沫若考得第三名，分發至岡山六高；張資平考得第二部第十二名，分發至熊本五高。達夫的選擇八高，如果〈沈淪〉這中篇小說可視為他的「自敘傳」的話，那麼我們從小說中可找到他選擇八高的可愛理由，他說：「豫科卒業之後，他聽說N市（名古屋——Nagoya——筆者）的高等學校是最新的，並且N市是日本產美人的地方，所以他就要求到N市的高等學校去。」達夫的眼光是不錯，轟動文壇的處女作〈沈淪〉，描寫的背景即在名古屋。

　　民國五年九月第二學年開學時，達夫因先前與長兄曼陀起了爭執，並寫信同他絕交。為了報復長兄起見，由第三部醫科又改回第一部文科，需從頭唸起，達夫因此在八高前後共讀了四年。除了應付學校功課以外，鎮日就是閱讀西洋小說，「從杜爾葛納夫到托爾斯泰，從托爾斯泰到獨思托以夫斯基、高爾基、契訶夫。更從俄國作家轉到德國各作家的作品上去，後來甚至於弄得把學校的功課丟開，專在旅館裡讀當時流行的所謂軟文學作品。在高等學校裡住了四年，共計所讀的俄德英日法的小說，總有一千部內外。」註8

　　民國八年七月，郁達夫畢業於八高第一部丙類，三十四人中得第二十八名。九月，升入東京帝國大學（今之東京大學）經濟科肄業。同時，前一高豫科同學張資平也來東大唸地質科。張資平肄業熊本五高時，曾於七年五月為反對中日軍事密約而回國請願，為校方留級一年，以是讀了四年方畢業。又「創造社」四巨頭之一的成灝（仿吾），則早一年入東大。成仿吾（一八九七～一九八四），湖南新化人，民初隨兄劭吾留日，二年秋考入一高豫科第二部，肄業後分發至岡山六高，曾與郭沫若同學兩年，六年九月升入東大，唸造兵科，與張資平情形相彷彿，民國七年也曾回國請願，在東大修了四年，始於十年四月初回國。

　　東大經濟科當時教授陣容鼎盛，諸如高野岩三郎、森戶辰男、舞出長五郎、系井靖之、大內兵衛、矢內原忠雄等皆一時俊彥，達夫在諸名師指導下，也曾發過雄心，擬撰一部《中國貨幣史》，然終未果成。

　　九年暑假，達夫回國與同鄉孫荃結婚。孫荃小達夫一歲，是典型的舊式鄉下女子，纏著小腳，《烈女傳》、《女四書》之類書籍讀得爛

熟，性情柔順，詩文尚佳。他們訂婚多年，奉的是雙方家長之命，受新式教育的達夫為抵制這種舊式婚約，留日後，多年來的寒暑假都不願回家，希望能打破這婚約，最後終抵不住女方家長的日日催促，以及寡母的含淚規勸，而回國成婚。這是五四以後新舊交替時的最大悲劇，勉強的婚姻，僅維持了七年，至十六年春夏，因王映霞的闖入而終告破裂。新文人中，能像胡適之先生的從一而終，絕不後悔，實不多見。

先是，民國七年八月下旬，郭沫若剛由六高升學福岡九州帝國大學，在博多灣邂逅了三年不見的豫科同學張資平，兩人談起出文學雜誌的計劃，並擬約郁達夫及成仿吾為同人，這一番談話可說是「創造社」的受胎期。同人雜誌的提議，旋因成仿吾的主張緩行而擱淺下來，但最後發起的幾個同人卻個別的活動起來了。「郭沫若在《時事新報》的《學燈》上發表詩作，張資平在《學藝》^{註9}上發表小說，郁達夫也向上海各報上投稿，只有成仿吾默默地寫了些詩和小說給同人傳觀而已。」^{註10}

民國九、十年之交，在東大求學的成仿吾、張資平以及在東京高師唸書的田漢（壽昌），曾在達夫的寄宿處開過三次會，擬約請在京都求學的鄭伯奇（君平）、穆敬熙（木天）、張黃（鳳舉）、徐祖正（耀辰）加入為同人，田漢並自告奮勇回國找出版處，且想邀請些國內的友人來參加。田漢（一八九八～一九六八年），湖南長沙人，五年夏，由長沙縣立師範畢業後留日，五四前後曾加入過「神州學會」、「丙辰學社」、「學術研究會」及「少年中國學會」等團體，並有詩文及戲劇在上述各學會的刊物上發表。八年四月考入東京高等師範，在「創造社」發起人中，是成名最早，關係較廣的一人。

　　鄭伯奇（一八九五～一九七九年），陝西西安人，時正肄業京都三高二年級，亦為「少年中國學會」會員，由田漢介紹與郭沫若認識；穆木天（一九〇〇～一九七一年），吉林伊通人，五四前畢業於天津南開中學，八年九月入京都三高，與鄭伯奇同班；張鳳舉（一八九五～？年），又名張定璜，江西南昌人，為田漢在東京高師之學長，九年三月畢業後，再入京都帝大文學部文學科深造，十一年七月畢業。徐祖正（一八九四～一九七八年），江蘇崑山人，與張鳳舉同時自高師畢業，同入京都帝大深造。可注意的，張鳳舉與徐祖正兩人在高師與京大唸的都是文科，是早期「創造社」人物中，惟一文科出身者。

　　達夫在東大（民國八年～十一年）時，對於嗜讀西洋小說的癖好，始終改不過來，書看得多了，不覺技癢，也開始寫起小說來。處女作〈銀灰色的死〉脫稿於十年元月初二，即寄給上海《時事新報》副刊《學燈》，半年後始登出來。第二篇〈沈淪〉，再稿於五月九日；第三篇〈南遷〉，完成於七月廿七日。七月底，郁達夫即將三篇小說集成一冊，加上序言，以篇首《沈淪》為書名，安排由國內出版社出版。

　　就是這年的七月初旬，「創造社」在郭沫若的奔走籌議下，終於在東京正式成立，離博多灣的初議，已將近三年。雜誌決定暫出季刊，名稱達夫主張用「創造」兩字，獲得大家的贊同，出版時間則愈早愈好。

　　十年八月，郭沫若的詩集《女神》由上海泰東圖書局出版，為《創造社叢書》的第一本。同年十月十五日，郁達夫的《沈淪》接著出版，立即轟動文壇。成仿吾在〈《沈淪》的評論〉一文上說：「郁達夫的《沈淪》是新文學運動以來的第一部小說集，它不僅在出世

的年月上是第一，它那種驚人的取材與大膽的描寫，就是一年後的今天，也還不能不說是第一。」郁達夫在《沈淪》自序上說：「第一篇〈沈淪〉是描寫著一個病的青年的心理，也可以說是青年憂鬱病（Hypochondair）的解剖，裡邊也帶敘著現代人的苦悶——便是性的要求與靈肉的衝突。」達夫後來為此被人送上了「頹廢派」的稱號，然而他的自我暴露與大膽剖析青年人的性苦悶，也著實吸引了無數讀者，以迄於今。

是年九月，達夫應友人邀請，回國任安慶法政專校英語教師一學期。在赴任之先，曾逗留上海一段短時期，與鄭伯奇共同負責「創造社」出版事宜，很快就在滬上大登《創造季刊》的出版預告，說明季刊準於明年元旦出版，以及有人壟斷文壇的意氣話。這種影射激怒了當時全國最大的文學社團，成立已半年多的「文學研究會」，也造成了後來兩個社團的對立。

十一年元月，達夫由安慶回滬，二月間，完成了小說〈茫茫夜〉，並把《創造季刊》創刊號的稿子發出，一切停當之後，即趕回日本接受畢業考試。三月底「以比較還好的成績」畢業，即於四月初趕回上海。

同年三月[註11]，《創造季刊》第一期出版，衍期出版的原因，是「等達夫的那篇〈茫茫夜〉。達夫是心雄萬丈的人，如在一種刊物中，他自己的文章不能壓卷，他是不肯苟且的。」[註12]《季刊》出版後，「文學研究會」的主將沈雁冰（茅盾）即以「損」之筆名，在會刊《文學週報》上發表「《創造》給我的印象」一文，予以嚴厲的批評。當時「文學研究會」提倡自然主義，標榜「為人生的藝術」；而

「創造社」則崇尚浪漫主義，主張「為藝術而藝術」，是所謂藝術至上派。在初期「創造社」，他是受攻擊的一個主要的對象，所謂「頹廢派」、「肉慾描寫者」，都是指郁達夫。

達夫在自我暴露這一方面雖然非常勇敢，但在迎接外來的攻擊上卻非常的懦弱。他的神經是太纖細了，對於這種攻擊，他很感覺著孤獨，有時甚至傷心。達夫對這種惡意指責的反擊僅是寫成短篇小說《血淚》註13，嘲弄沈雁冰和鄭振鐸等人鼓吹的「血淚」文學。

十一年五月初旬，達夫又回到日本，不久並考取了東大研究院，到最後他卻決定不想唸了，毅然於七月下旬歸國，離開了留學八年的日本。

十一年秋，《創造季刊》第二期出版，中有達夫寫於十年五月四日仍肄業東大時的舊作〈夕陽樓日記〉一文，指摘「少年中國學會」會員余家菊由英文重譯《人生之意義與價值》一書開頭之錯誤。註14

九月，達夫仍回安慶法專任教，同事中有陶希聖、易君左等人。同月，北大教授胡適在其主編的《努力週報》上撰〈罵人〉（20期）及〈淺薄無聊的創作〉（23期）兩文，指責達夫的〈夕陽樓日記〉。神經敏銳的郁達夫，氣得差點「跳黃浦江而死」。終於，達夫寫下了他的名作〈采石磯〉一文，回敬胡適，刊於《創造季刊》第四期，以黃仲則自況，而以戴東原隱喻胡適。胡適對於郁達夫以戴東原比他很是高興，兩人終於誤會冰釋，這真應了一句話「不打不相識，英雄識豪傑」。

十二年四月初，郁達夫由安慶卸職抵滬。由於失業的悲憤及生活的重擔所逼，達夫寫出了不朽的感人名作〈蔦蘿行〉來。這時郭沫若

及成仿吾也都在滬上，只有張資平東大畢業後，於十一年五月回到廣東鄉間採礦去。「創造社」在郁、郭、成三人主持下，進入了成立以來的全盛期。

五月十三日，「創造社」第二種刊物《創造週報》創刊了，成仿吾的〈詩之防禦戰〉一文，得罪了許多作家，致使曾參與過「創造社」成立初期的張鳳舉和徐祖正也為避嫌而斷絕了關係。達夫在五月二十七日的《週報》第3期上，發表〈文學上的階級鬥爭〉一文，最初在中國的文藝界提出「階級鬥爭」這個名詞的，怕就是達夫了。然而達夫始終只是個客廳裡的社會主義者，儘管題目嚇人，內容是離題很遠的。

七月二十一日，由於張季鸞的提議，「創造社」第三種刊物《創造日》做為上海《中華新報》的副刊而誕生，由郁達夫、成仿吾、鄧均吾三人負責編輯。張季鸞後來成為中華民國最傑出的報人之一，前清末年曾肄業東京一高，與郁達夫等算是前後同學，當時是《中華新報》主筆，《中華新報》後臺老闆則為政學系。此時，為達夫早年寫作最勤之時，在《季刊》上發表〈中途〉、〈春風沈醉的晚上〉（二卷2期）；在《週報》上發表〈青煙〉（8期）、〈秋河〉（15期）、〈落日〉（19期）；在《日刊》上發表〈藝術家的午睡〉（七月二十四日）、〈立秋之夜〉（八月八日）、〈詩人的末路〉（八月十三日）、〈還鄉後記〉（八月十九日）及〈蘇州煙雨記〉（連載未完）等。此外另有一些文藝論文，後來收於《文藝論集》一書中，十五年四月，由光華書局出版。

十月初旬，達夫應北大聘，繼赴國外進修的陳啟修（豹隱）教兩小時的統計學。陳豹隱（一八八六～一九六〇年）四川中江人，民國六

年夏，東京帝國大學政治科畢業，達夫的接任即是由其建議的。達夫離滬之前，還做了一篇小説〈離散之前〉送《東方雜誌》發表，似乎在那時「創造社」開始有了裂痕，否則為何文章不登在自己的刊物上？而「創造社」之離散，不久以後果成事實。

同月，達夫第二本創作集《蔦蘿集》，列為創造社《辛夷小叢書》之一，由泰東圖書局出版，內收〈獻納之辭〉、〈蔦蘿集自序〉、〈血淚〉、〈蔦蘿行〉、〈還鄉記〉、〈寫完了蔦蘿最後的一篇〉等文。

達夫北上後，即不再為「創造社」寄稿，使得刊物難以順利維持下去，因季刊與週報係同人刊物，不收外稿，水準較高，然維持已是不易。《創造日》則係公開園地，外稿較多，水準自不易齊平，成為盛名之累，且日刊需每日發稿，平時已感吃力，自達夫走後，更覺捉襟見肘，苦於無機會拋棄此燙手的熱山芋，故當政學系要角章士釗（行嚴）對《創造日》稍有微辭時，郭、成兩人自感正中下懷，適時予以停刊，時為十月二十八日，《創造日》剛好出滿百期。

緊接著，《創造季刊》出到十三年元月二卷2期後停刊，不再續出，僅餘《週報》而已。十三年四月，郭沫若回日本轉研究社會科學，「創造社」由成仿吾勉強獨力支撐，至五月出滿一年五十二期後，終於停刊。在五月初旬，達夫因堅持把週報停刊，跟「太平洋社」所辦的《太平洋》雜誌合併，由北京急回上海，趕著在《週報》終刊號上挾上一張預告，説明兩社不久將合辦一份週刊，這即是後來的《現代評論》週刊。

《週報》的停刊，也使「創造社」與泰東圖書局脫離了關係。不久之後，成仿吾赴廣州，擔任廣東大學理科教授。至此，「創造社」四元老散處四方，實際上結束了第一期的「創造社」。

《太平洋》雜誌於六年三月創刊時原為月刊，八年十一月改為雙月刊，十四年六月出至四卷10期時停刊，構成份子多為當時開明的自由主義者，具有相當學識的歸國學人，其中以留日與留學英法佔兩大部分；留日者多為湘人，與仿吾長兄又多是同學關係，因此多半與仿吾相識；留學英法者，大多執教北大法科，與達夫有同事之誼，以故兩社的醞釀合併，倒不是沒有理由。

十三年十二月十三日，《現代評論》在北京出版，政論重於文藝，初期達夫甚為熱心，沫若與仿吾則很冷淡，僅應付而已，達夫後來與「新月社」人物交往即種因於此。

郁達夫自十二年十月初旬北上，在北大任教整整一年，「因為環境的變遷和預備講義的忙碌，在一九二四年中間，心裡雖感到了許多苦悶焦躁，然而作品終究不多。在這一期的作品裡，自家覺得稍為滿意的，都已收在《寒灰集》裡了。」註15這些滿意的作品計有〈零餘者〉、〈薄奠〉、〈秋柳〉、〈小春天氣〉、〈給一位文學青年的公開狀〉、〈十一月初三〉等篇。

十三年秋末，「太平洋社」的北大教授石瑛（蘅青），繼張繼熙長剛由武昌師範大學改組為國立武昌大學之校長。達夫於十四年二月上旬應邀擔任他的輔佐，由北京南下，充任文科教授，時張資平亦來，任理科教授。文科同事中，新文學家有楊振聲，後以寫《玉君》中篇小說而出名；舊文學家有黃侃（季剛）、熊十力（子真）、胡光

煒（小石）等。此外另有謝循初、方東美、余家菊、李璜等四位，均係「少年中國學會」會員，分別由英美法學成歸國者，可說是人材濟濟。

達夫在武昌僅待留八個多月，至十四年秋季開學一月後，因校長石瑛與教授黃侃之爭，憤而離校至滬。達夫回憶說：「一九二五年，是不言不語的一年。這一年在武昌大學裡教書，看了不少的陰謀詭計，讀了不少的線裝書籍，結果終因為武昌的惡濁空氣壓人太重，就匆匆的走了。自我從事於創作以來，像這一年那麼的心境惡劣的經驗還沒有過。在這一年中，感到了許多幻滅，引起了許多疑心，我以為以後的創作力將永久地消失了。後來回到上海來小住，閑時也上從前住過的地方去走走，一種懷舊之情，落魄之感，重新將我的創作慾喚起。」註16

當時，武昌大學國文系部分師生組織一文藝團體「藝林社」，四月十日創刊《藝林旬刊》，由達夫介紹，附刊於北京《晨報副刊》，自19期起，改為半月刊，由武昌時中合作書報社印行，至十二月二十五日第24期時停刊，撰稿者除黃季剛、胡光煒（小石）、郁達夫等教授外，餘如劉大杰、蔣鑑璋、胡雲翼、賀揚靈等均為學生，後來多成為名作家。「藝林社」是年編有創作集《長湖堤畔》一書，由武昌時中書店出版；後來又編有創作集《海鷗集》（十七年）、《秋雁集》（十八年）兩冊及論文集《文學論集》（十八年）一冊，均由上海亞細亞書局出版。

在十四年一年中，作品寫作年份可考者，僅有〈說幾句話〉、〈骸骨迷戀者的獨語〉、〈寒宵〉、〈街燈〉、〈送仿吾的行〉、〈咒《甲寅》十四號的評新文學運動〉及〈牢騷五種〉等七篇文章。筆者以為收於《文藝論集》中的〈詩的意義〉、〈詩的內容〉、〈詩

的外形〉三文；以及收於「藝林社」所編《文學論集》一書中的〈文學上的殉情主義〉、〈戲劇的一般概念〉兩文應該都寫於這一年。

　　「一九二五年的『五卅』慘案如怒潮似的震醒了中華民族的自覺心，反帝國主義的運動瀰漫全國。而創造社的作家，在這時期有了新的覺悟，提倡革命的文學，《洪水》半月刊創刊號在一九二五年九月十六號（實為九月一日——筆者註）出版。素來被他們所疏忽的社會問題，現在已成為討論的中心，《洪水》的內容不僅限於文學，關於一切政治、經濟、社會的論文，都一齊登載，所以發生的影響異常廣大。」註17《洪水》半月刊的刊行要算是第二期「創造社」的開始，新加入周全平、周毓英、嚴良才、葉靈鳳等一批生力軍，還有洪為法、漆樹芬（南薰）、穆木天、許傑（子三）等也投稿很勤，聲勢自然浩大起來。

　　十四年秋，達夫自武昌狼狽回滬後，不幸罹病，乃回富陽老家休養。《洪水》出版後，達夫曾寫有〈牢騷五種〉及〈小說論及其他〉兩文分別登在8期及13期上。

　　十五年元月，達夫病癒後回上海，重新參加創造社的活動。三月一日，《創造月刊》創刊，由達夫編輯，創刊號的〈卷頭語〉及〈尾聲〉即出自其手筆。此時達夫又恢復了以前的創作活力，《月刊》自2期起，幾乎每期都有小說發表，依照順序有〈懷鄉病者〉（2期）、〈南行雜記〉（3期）、〈蜃樓〉（4期）、〈一個人在途上〉（5期）。

　　三月十八日，在北伐的前夕，郁達夫與郭沫若及剛由法國苦學六年後歸國的王獨清連袂赴革命策源地的廣州，任教於廣東大學。郭沫若任文科學長（即文學院院長），郁達夫任英文系教授兼主任，王獨清任文科教授。同時，自十三年即來廣州的成仿吾也來任理科及德語教

授。不久，由京都帝國大學畢業的穆木天及鄭伯奇也先後來到廣大文科，創造社人物幾乎包辦了廣大文科。同時繼上海「創造社出版部」於四月一日成立，接著在廣州和汕頭也成立了分社，顯然「創造社」的大本營已由上海移至廣州了。上海的出版部則由「小夥計」，即前述的生力軍在掌舵。

四月，《文藝論集》一書由甫成立不久的光華書局出版，收有三年來的論文十四篇，這也是達夫一生唯一的一本論文集。

七月，達夫的《戲劇論》一書，由商務印書館出版，列為《百科小叢書》之一。

六月十四日，即是年舊曆端午節，達夫長子龍兒不幸因腦膜炎死於北京，等達夫匆忙由廣州趕到時，已過世五天了。這年的暑假，「就是這樣的，在悲嘆和幻夢的中間消逝了。」（〈一個人在途上〉）暑假後，達夫才由北京南下，抵廣州時已是十月二十日。

十五年三月，郁達夫初次來廣大時，校長為褚民誼。此次回廣大時，校名剛改為國立中山大學，並改校長制為委員制，以戴傳賢（季陶）為委員長，顧孟餘為副委員長，徐謙、丁維汾、朱家驊為委員。文科學長由代理的王獨清改為剛由留歐回國的傅斯年（孟真），達夫改任為法科教授兼大學出版部主任，時法科學長為粵人程天固。此次回校，心情上很是不快，自十一月三日起開始寫〈勞生日記〉，後來發表於自己主編的《創造月刊》第7期上，開作家賣稿日記的先河。十一月底，郁達夫終辭掉中山大學教職，於十二月十五日離開廣州回上海，擔任創造社理事，負整頓創造社出版部及編輯《創造月刊》及《洪水》之使命。

回滬後，首先用「曰歸」的筆名在十六年元月十六日出版的《洪水》25期上發表幾乎引起達夫與沫若、仿吾內鬨的〈廣州事情〉一文，以宣洩他對廣州的憤懣。接著寫出改變作風的第一篇小說〈過去〉，發表在二月出版的《創造月刊》第6期上。周作人曾來信稱讚：「〈過去〉是可以與Dostoevski，Garsin相比的傑作，描寫女性，很有獨到的地方。」註18

十六年元月十四日，達夫在同鄉孫百剛家首次遇到王映霞女士，達夫一見鍾情，墜入了愛河，這可說是達夫的初戀，他並將追求王映霞女士的經過及心理變化，赤裸裸的寫在日記裏。二月起，開始到上海法科大學講課，時間排在晚上，原來的課程係德文，後應學生要求，改講時事問題及德國文學史，僅教一學期即止。

愛情的魔力是偉大的，與映霞的相戀，成為達夫「新生」的里程碑，他不僅把熱戀期間所為的日記題名為〈新生〉註19，且在三月三日的日記上寫道：「我打算……把但丁的《新生》譯出來，好做我和映霞結合的紀念，也好做我的生涯的轉機的路標。」生活對達夫來講，不再是「槁木的」與「死灰的」了，三十二歲的他，即雄心勃勃地計劃出版全集。五月六日，他在〈《寒灰集》題辭〉上說：「全集的第一卷，名之曰寒灰。寒灰的復燃，耍借吹噓的大力。這大力的出處，大約是在我朋友王映霞的身上。」

六月一日，《寒灰集》由創造社出版，是《達夫全集》的第一卷，內收〈茫茫夜〉等小說散文十一篇。

六月五日，達夫與映霞在杭州的聚豐園行結婚典禮。婚後不久又回上海住。

　　八月，《文學概論》一書，由商務印書館出版，列為《百科小叢書》之一。

　　大約在八月初旬，郁達夫退出了「創造社」。八月十四日，達夫在《日記九種》後序上說：「……如何的作了大家攻擊的中心，犧牲了一切還不算，末了又如何的受人暗箭，致十數年來的老友，都不得不按劍相向，這些事情，或者這部日記，可以為我申剖一二。」翌日，上海的《申報》及《民國日報》即發表了達夫與「創造社」決裂的消息。

　　九月一日，《日記九種》由北新書局出版，收達夫自十五年十一月三日起至十六年七月三十一日止所記的九篇日記。從日記上雖約略可看出達夫退出創造社的蛛絲馬跡，但達夫實不曾明言。據我的粗淺看法，大約有以下幾點原因：

一、達夫由廣州回滬的主要目的，即為整頓出版社，負責編輯月刊及《洪水》。回滬後，雖然受盡閒氣終於趕走了周全平、潘漢年、葉靈鳳等「小夥計」，然而七個月內，僅編了二期《創造月刊》（一卷6、7期）及八期《洪水》（三卷25期至32期）。達夫的怠工引起了同人——尤其是王獨清與成仿吾的不滿。

二、達夫的〈廣州事情〉一文，抨擊革命政府的後方——廣州，對於隨軍北伐中的郭沫若與成仿吾非常不利，引起郭、成兩人對達夫的指摘。沫若曾來信責備達夫的「傾向太壞」；仿吾也寫有「讀了〈廣州事情〉一文，為廣東政府辯解，同樣刊登於《洪水》上。

三、達夫在滬時，以從前執教北大及與徐志摩同學的關係，不時與《現代評論》及《新月》人物周旋，甚至參預其會議，引起同人的不滿，認為達夫背叛「創造社」。

四、達夫的興趣、積習與當時的傾向，實無法與創造社同人共存下去，祇有求去的一途。

事隔多年之後，郁達夫說出了部分真相道：「凡屬於黨派的行動，我都不能滿意，我並非和創造社有甚麼不和的感情，祇因趣味不同而分手的。有謂我是個人主義者，肆加排斥。但我並不以為意。當時的創造社，年少的左傾分子甚多，我很不滿意他們的態度。」

大約反對的主力來之於王獨清，但他孤掌難鳴，一直等到成仿吾於七月底抵滬後，事情才明顯化。達夫退出創造社後，由王獨清續編月刊及《洪水》。這也是為甚麼達夫特別嫉憤獨清，而寫出〈二詩人〉這篇在達夫作品中絕無僅有的諷刺小說，來奚落王獨清了。

從創造社的演進來看，郁達夫的退出，正是創造社由提倡革命文學轉向無產文學的前夕。而十七年初，《文化批判》月刊的出版，是為創造社第三期的開始。

九月初旬，《民眾》旬刊在上海創刊，僅四、五期即停刊，達夫除為《民眾》寫發刊辭外，並在上面刊登四篇評論，提倡農民文藝，這些文章後來都收於《奇零集》一書中。

十月二十日，《達夫全集》第二卷《雞肋集》，由創造社出版，內收〈沈淪〉等小說散文共八篇；十一月十五日，全集第三卷《過去集》，由開明書店出版，內收〈五六年來創作生活的回顧〉及〈過去〉等小說散文共十九篇。

在達夫所支持的《民眾》旬刊夭折不久之後，一向為創造社眼中釘的世故老人魯迅也翩然由廣州抵達上海了。原來在北京創刊的《語絲》週刊，自四卷1期即十六年十二月起，遷到上海繼續出版，

改由魯迅主編。達夫與魯迅這時居然握手言和，互相提攜起來，開始為《語絲》寫稿，且寫得很勤。不久魯迅受到提倡無產文學的「創造社」與「太陽社」的聯合圍剿，這與郁達夫的加入《語絲》不無些微關係。

十七年元月十日，長篇小說《迷羊》由北新書局出版，《迷羊》的寫作並不算成功，所描寫的人物可說與以前所寫的〈沈淪〉、〈秋柳〉、〈十一月初三〉、〈過去〉等短篇中的角色，無論在性格、情感、人生觀方面都沒有兩樣，達夫並沒有跳出他自己寫作的窠臼。

三月一日，全集第四卷《奇零集》，由開明書局出版，所收的是歷年來所寫所譯的小文章，而為前三集所未收者，計有〈誰是我們的同伴者〉等文共三十篇。

四月十五日，全集第五卷《敝帚集》，由現代書局出版，全書分為三部，一、人物和書，計文五篇；二、藝術雜論，計文四篇；三、書序、批評及翻譯，計文七篇，總共十六篇。

六月二十日，「語絲社」的魯迅、林語堂與郁達夫等合辦《奔流》雜誌，由魯迅與郁達夫編輯，北新書局發行。《語絲》原為同人雜誌，社員稿件編者並無取捨之權，以是水準及言論很不一致，最後終成強弩之末，已無精彩可言，魯迅也終於推卸編輯責任，另外創刊《奔流》。《奔流》係月刊，第一卷出十期，第二卷出至五期時停刊，時為十八年十二月二十日。達夫在《奔流》上所發表的，除散文〈燈蛾埋葬之夜〉及〈通訊兩則〉之外，餘均為翻譯作品。

九月，郁達夫與陶晶孫主編的《大眾文藝》雜誌創刊，由現代書局發行。陶晶孫（一八九七～一九五二年），原名熾，後以字行，號

晶明館主，江蘇無錫人。晶孫幼年時即留日，中學畢業於東京第一中學，八年夏一高畢業，隨後入九州帝大醫學部，與郭沫若同學，十二年夏畢業後，再入東北帝大研究生理學，回國後，一直在上海從事本行工作，為創造社早期人物。《大眾文藝》係月刊，曾出過上下兩冊《新興文學專號》，至十九年六月的二卷6期時，以提倡新興文學為國民黨中央黨部禁刊。

本年冬，《達夫全集》全部改由北新重排出版，第一卷《寒灰集》於十一月一日出版；第二卷《雞肋集》於十二月出版。

十八年元月，《小說論》一書由光華書局出版。二月七日，「創造社」為政府當局封閉，結束了八年來不平凡的歷史，這時郁達夫早已與它無關，故不受牽累。

本年春，達夫覺得全集的瑕瑜兼收不能使自己滿意，因此應春野春店的要求，委錢杏邨（阿英）編一本《達夫代表作》，錢並為代表作寫一篇長長的〈後序〉，過份的揄揚達夫作品的偉大。是書後因春野書局停版，翌年元月，改由現代書局重版發行。

六月，小說散文集《在寒風裡》，在廈門由世界文藝書社出單行本。本書，亦有廣州書局版，惟出版年代不詳。

本年秋起，北新書局繼續出版《達夫全集》，第五卷《敝帚集》於九月十五日出版；第三卷《過去集》及第四卷《奇零集》均於十一月一日同時出版。

九月，達夫第三度赴安慶，任安徽大學中文系教授，時安大校長為現考試院長楊亮功先生，據楊亮功先生言，郁達夫學問好，教書亦認真，可惜僅約四個月即因故離去。

　　十九年二月十五日，「自由運動大同盟」在上海成立發起，郁達夫被列為發起人的第一位，其實這是冤枉的，達夫生性散漫，最厭惡組織活動。「自由運動大同盟」在當時實別具用心，成立當天達夫僅係應邀前往演說，是第一位在來賓簿上簽名者，會後有人提議要有甚麼組織，因此凡是日到會者，第二天報上發表時，均變為發起人了。

　　三月二日，「中國左翼作家聯盟」在上海秘密成立，成員五十多人，推魯迅為盟主，郁達夫的參加，不用說是因與魯迅有深厚的感情才加入的，然而也引起真正左派作家的不滿，說達夫的作品是個人主義的。是年十一月十六日，達夫就自動退出了，原因是共黨要達夫去做實際的宣傳工作——分發傳單，而為達夫斷然拒絕。

　　四月一日，翻譯集《小家之伍》由北新書局出版，集中所收的五篇小說都是先前在《奔流》上發表過的，一般的批評是譯筆流利而忠實，而且態度認真，為名作家中所少見者。

　　自去年元月發表了〈在寒風裡〉以來，一年半中，郁達夫不曾寫過小說，自本年暑假起，又恢復小說的創作，計寫有〈紙幣的跳躍〉（七月）、〈楊梅燒酒〉（八月）、〈十三夜〉（十月）等三篇。

　　十二月，全集第六卷《薇蕨集》由北新出版，計收有近年發表的小說共九篇。

　　同月，素雅（李贊華）編輯之《郁達夫評傳》由現代書局出版，除了編者所寫的簡略的〈郁達夫傳〉及〈著譯一覽〉外，收有訪問郁達夫或評論其作品的文章共十六篇。

　　二十年這一年，可說是達夫一生中作品產量最少的一年，生活上的不安定，應是最主要的原因。其中〈志摩在回憶裡〉一文係追悼

是年十一月十九日因飛機失事而遇難的中學同學徐志摩，發表於《新月》月刊四卷一期志摩紀念號上；〈懺餘獨白〉，登於《北斗》月刊一卷四期上，係達夫第二次的發表創作經驗談。

二十一年春起，郁達夫在吳淞中國公學教書，擔任一點功課，惟時間不長。

四月，第二部長篇小說《她是一個弱女子》由湖風書局出版。這是因上海一二八事變，郁達夫在逃難之餘，得了十日的空閑而寫就的。「作品中的女主人公『她』，是一個被色情本能所支配，而幹出許多無意識的活動的女子。她一刻也少不得一個寄託的人，於是便造成了她一生的大悲劇。」註20達夫在〈後敘〉上說道：「寫到了如今的小說，其間也有十幾年的歷史了。我覺得比這一次寫這篇小說的心境更惡劣的時候，還不曾有過。因此這一篇小說，大約也將變作我作品之中的最惡劣的一篇。」的確，達夫的長篇小說常不如其短篇受人重視，這點剛好與張資平相反。

五月，賀玉波編輯的《郁達夫論》，由光華書局出版，收有評論達夫的文章共二十三篇。

九月十六日，提倡幽默的《論語》半月刊創刊。該刊係由林語堂主編，由邵洵美主持的中國美術刊行社發行。自徐志摩逝世，新月要角相繼北上後，《新月》月刊日漸式微，林語堂主持的《論語》雜誌成為反對普羅文學的新大本營。郁達夫與林語堂的關係甚深，曾為北大同事，後期《語絲》雜誌同人，《奔流》雜誌同人。自脫離「左聯」後，更與語堂接近，互相唱和，甚至一同遊山玩水，以是達夫益為共黨所忌，謗亦隨之。自《論語》創刊後，達夫投稿甚

勤，幾乎隔期有之，有名的散文〈釣臺的春晝〉即發表於《論語》創刊號上。

十月初旬，以肺病到杭州湖畔休養，費了十天工夫寫成小說〈遲桂花〉，自認為係本年作品中的傑作。〈遲桂花〉後來發表於施蟄存主編的《現代》月刊二卷二期上。養病期間，並寫有日記，題名為〈滄州日記〉及〈水明樓日記〉。

二十二年元月，「中國民權保障同盟」在上海成立，北平亦設有分會。郁達夫、林語堂、蔡元培、胡適之均以「人道主義」的立場，參與發起該會。惟該會後來日益左傾，身為北平分會主席的胡適之，即毅然退出，郁達夫則同前一樣，僅參與發起，喊喊口號而已，實際行動是不會有的。

二月，不列全集卷數的《懺餘集》由天馬書店出版，除序文〈懺餘獨白〉外，共收有小說五篇，散文五篇。

三月，寫成〈光慈的晚年〉一文，後發表於《現代》月刊三卷一期上。蔣光慈前為「創造社」作家，後自組「太陽社」，參加「左聯」。然而當其晚年傳有托派的嫌疑時，他的友人紛紛離開他，作品受到幹部派無情的攻訐，最後鬱鬱以終，沒有一個共黨作家敢為文悼念他。但是，達夫寫出了〈光慈的晚年〉，為光慈的死抱不平，這是達夫的可貴處。

同月，《達夫自選集》由天馬書店出版，除序文外，收有小說十篇，散文五篇。

四月二十五日，由上海移居杭州，理由是為了節省開支及方便孩子的就學。

七月一日，《文學》月刊創刊，由「文學社」主編，生活書店發行。《文學》有人視之為《小說月報》的後身，因為「文學社」十個編委中有九個是前「文學研究會」會員，僅達夫一人例外，且是文研會死對頭「創造社」的發起人。在《文學》創刊號上，達夫曾寫有〈五四運動之歷史的意義〉一文。

　　八月，全集第七卷《斷殘集》由北新書局出版，收有論文、雜文、散文、譯文等共四十二篇。

　　十二月二十日，長篇小說《她是一個弱女子》，現改名為《饒了她》，再由現代書局重排出版。

　　二十三年起，郁達夫新任浙江省政府參議，閒來無事，即偕夫人、友人到處遊山玩水，所至之處，皆有遊記或日記發表，因此新搏得「遊記作家」的美名。

　　三月，《幾個偉大的作家》一書由中華書局出版，是書收有〈托爾斯泰回憶雜記〉、〈哈夢雷特和堂吉訶德〉、〈伊勃生論〉、〈阿河的藝術〉等四篇評介西洋作家的譯文，此四篇譯文均曾發表於十七至十八年的《奔流》雜誌上。

　　六月，《屐痕處處》一書由現代書局出版，收歷年來所寫的遊記共十一篇。達夫的遊記寫來清新有味，誠為遊記中的傑作，較胡適之先生的《廬山遊記》之夾議夾敘，實為高明。

　　是年冬起，郁達夫應書店的要求，開始寫起自傳來，自十二月五日出版的《人間世》半月刊十七期起，斷續的發表了八篇自傳，自呱呱墜地起寫至離家留日止，題目分別為〈悲劇的出生〉（17期）、〈我的夢，我的青春〉（18期）、〈書塾與學堂〉（19期）、〈水樣

的春愁〉（20期）、〈遠一程，再遠一程〉（21期）、〈孤獨者〉（23期）、〈大風圈外〉（26期）、〈海上〉（31期）。達夫的自傳，可說是美麗的散文小品，惟在年代的敘述上，據筆者的考訂，有些許失誤，以致前後無法銜接。

二十四年春，郁達夫應上海良友圖書公司之邀，擔任《中國新文學大系‧散文二集》之主編，是書不久於十月出版，厚厚的一冊，書前附有達夫精編〈導言〉，發抒他對散文的看法。

夏起，達夫深以前所出版之全集內容及次序雜揉凌亂為憾，因此起意將全集去蕪存菁，重加分類編訂後出版。五月，《達夫所譯短篇集》由生活書店出版；六月，《達夫日記集》由北新書店出版。十月，《達夫短篇小說集》上下冊由北新書局出版。

十月，中篇小說〈出奔〉完稿，不久在十一月一日出版的《文學》五卷五期上刊出，這是達夫所寫的最後一篇小說。

二十五年初春，在達夫的苦心擘畫下，容有住屋三間，書室兩間的「風

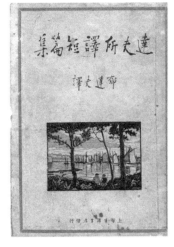

《達夫所譯短篇集》

雨茅廬」，在杭州終於落成，也完成了達夫晚年最大的心願。由於達夫是個書迷，生平藏書總共有數十萬卷之多，幾乎把風雨茅廬所有的房間都排滿了。這時的達夫既有嬌妻相伴，又能坐擁書城，為人人所艷羨，方期久居，然而席不暇暖，昔日友人，現為福建省主席的陳儀（公洽）突然一紙相招，達夫竟然「別婦拋雛」匆忙就道，這一去，種下了後來「毀家」的悲劇。

二月七日，達夫就任福建省政府參議兼公報室主任，月薪三百大洋。初來時天天有應酬交遊，時以為苦。

三月一日，達夫在《論語》半月刊83期上發表〈繼編《論語》的話〉，開始擔任《論語》編輯，實則達夫人在福州，實際編務由上海的邵洵美負責，這時《論語》與林語堂主編的《宇宙風》常見有達夫的文章發表。

三月，《達夫遊記》由上海「文學創造社」發行，上海雜誌公司總經售。四月，《達夫散文集》由北新書局出版。至此達夫改編分類的新的全集已出五種，至於為數眾多的文藝論文及雜文時論之類，後來以時局變化關係，未來得及出版。

五月三十日，達夫生前自編的最後一本書《閑書》，由良友圖書公司出版，列為《良友文學叢書》第二十六種，全書收有散文及日記共四十篇，文字之精練優美，已到爐火純青的地步。

六月七日，上海友人發起「中國文藝家協會」，會員總共有一百一十一人，達夫在福州亦響應加入為會員，該會事實上並無任何活動。

十一月十三日，達夫應日本各社團及學校之聘，赴日演講，頗受彼邦文人學士的歡迎。十二月十七日離日回閩時，特地繞道臺灣，並接受臺灣文化界楊雲萍、黃得時諸氏的訪問，旋因驚聞「西安事

變」，始匆促回國，時已是歲暮之交。

二十六年初，以思家故，去電杭州促映霞來閩同居，住於光祿坊劉氏舊築，實即黃莘田十硯齋東鄰，至五月時，以水土不服，映霞仍回杭州。

七七抗戰軍興後，達夫主編《福建民報》與《小民報》的副刊《新園林》及《新村》，每天均有其執筆的每日談話之類，下段排著鋅版製的簽名。

二十七年二月，原軍委會總司令部政訓處經擴大編制，改組為政治部設於武漢，部長由當時鄂省主席陳誠兼任。政治部底下共轄有三廳，二委員會。其時為全面抵抗日本侵略，國共第二度合作，委郭沫若任三廳廳長，下轄三個處，第五處主管「言論宣導」，處長為范壽康；第六處主管「藝術宣傳」，處長為田漢；第七處主管「對敵宣傳」，處長原定郁達夫，後以達夫遲遲未到，改由胡愈之擔任。註21

達夫攜眷到武漢時，政治部第三廳人事已安排就緒，以是改任不限名額的「設計委員」，主委亦由陳誠兼任。

三月二十七日，全國文藝作家為團結抗日起見，在漢口成立「中華全國文藝界抗敵協會」，郁達夫被選任為常務理事、研究部主任及編輯委員等職。五月四日，協會主編的《抗戰文藝》三日刊出版，五期後改為周刊，以後又改為半月刊和月刊，達夫在該刊上曾發表有雜文及通信多篇。

四月中旬，達夫隨團「去徐州勞軍，並視察河防，在山東、江蘇、河南一帶，冒烽火炮彈，巡視至一月之久。」（《毀家詩紀》）六月底，又奉命去第三戰區視察。七月初，自東戰場回武漢，其後與映霞之間，鬧得不可開交。

九月中旬，福建省主席陳儀又來電促達夫回閩相助，達夫因此隻身就道，奔赴閩中。在回途經建陽道中，寫了底下這首詩寄給仍在武漢之映霞，表示「決心去國，上南洋去作海外宣傳，若能終老炎荒，更係本願。」（《毀家詩紀》）詩云：

> 此身已分炎荒老，遠道多愁驛遞遲；
> 萬死千君惟一語，為儂清白撫諸兒。

但是據達夫抵星後所作的第一篇文章〈檳城三宿記〉所載，知此次南下實係應胡兆祥的電招，為《星洲日報》編輯副刊而來，再由達夫的匆促買舟南渡日期推算，得知決定南下的時間約在是年十二月中旬，即達夫抵閩後二個月之後，由此可知達夫的《毀家詩紀》應視為文人的遊戲筆墨，實不可盡信。

十二月二十八日，郁達夫攜王映霞及映霞長子飛（陽春）抵新加坡，接受《星洲日報》之聘請，於二十八年起主編《星洲日報》早版的《晨星》副刊與《文藝》週刊，以及《星洲日報》晚版的《繁星》副刊，旋又兼編星洲日報姊妹報《星檳日報》的《文藝》雙週刊。此後又曾擔任《星光畫報》文藝欄及《華僑週報》等雜誌的主編，有時也在《總匯報》的《世紀風》副刊及《星洲半月刊》等刊物上發表文章。

自二十七年十二月二十八日抵新加坡起，至三十一年二月四日逃往蘇門答臘止，郁達夫在星馬共住了三年二個月又八天。在這期間，他一方面提攜年輕作家，愛護後進；一方面與舊詩人互相唱和，實際上成為星馬文壇的盟主，沒有人名望比他更高，也沒有人比他更受人

尊崇。雖然有些比較激進或妒忌他的人反對他，但是「和藹可親」的達夫仍然是新舊文人的中心。國內的文人藝術家來到新加坡，達夫定必親切的接待，同時在報上予以熱誠的宣揚，名副其實的成為國內文壇在新加坡的代理人。二十八年三月五日，郁達夫的《毀家詩紀》發表於香港陸丹林主編的《大風旬刊》第三十期上，促使王映霞終於離去。登報協議離婚在翌年的二月，王映霞在五月二十四日回國前夕，郁達夫還設宴為她餞行。大約在三十年，原籍福州，任職新加坡英國新聞部的李筱英又闖進了達夫的生活中，不久即賦同居，至新加坡淪陷前夕，兩人終又勞燕分飛。

在這三年多中，國破家亡，妻離子散的屈辱與悲憤使達夫更堅強的站了起來，他用筆來捍衛國家打擊敵人。他寫了許多抗戰論文，來鼓舞國人的愛國情操；也寫了不少與抗戰有關的隨筆散文，來發抒自己的思想抱負，並不時報導或介紹馬華文學作品。達夫在南洋發表的作品，不僅博得愛國主義者的令譽，同時也在星馬文學史上佔了光輝的一頁，至今仍為人所津津樂道。

在新加坡的抗日活動中，郁達夫也佔了重要的地位，英國新聞處曾委任他為《華僑週報》的編輯，專門推動抗日宣傳；他也曾擔任過文化界戰時工作團主席，及文化界戰時幹部訓練班主任。

三十年十二月八日，太平洋戰爭爆發。十二月底，新加坡華僑抗敵委員會（又稱華僑抗敵後援會）正式成立，郁達夫被推為執行委員，並負責文藝組工作。此外，他也是當時文化界抗日聯合會的主席。這些顯赫的職位，使他不得不在新加坡淪陷的前夕，冒險逃亡荷屬蘇門答臘，時為三十一年二月四日。

郁達夫遺像

五月初，郁達夫抵達巴爺公務——一個位於蘇門答臘中部的小市鎮，他在那裡化名趙廉，並經營酒廠，這酒廠其實成為掩護反日的流亡知識份子的大本營。在這同時，達夫偶然為日本憲兵知悉他能說流利的日本話，即被請做憲兵隊通譯，在那種環境下，拒絕是不可能的。經過六七個月後，達夫買通醫生，偽裝生了肺病，才得獲准辭掉這異日終於為它喪命的通譯之職。

三十二年九月十五日，郁達夫與一位印尼華僑陳蓮有在巴東結婚，陳原籍廣東台山，小時喪父，為陳姓收養，生父原姓何，因此達夫替她改用原姓且改名為何麗有，麗有當時二十歲，達夫則四十八，後來他們生有一子一女。

三十四年八月十五日，日本終於向盟軍投降，郁達夫很快就得知了消息，也使他鬆懈了原先一直對於日本憲兵隊的防範，在二十九日的晚間，有一位講印尼話的人來喊達夫出去，以後一直就不再回來，殺害達夫的，大家都知道是日本憲兵，原因是怕戰後達夫成為控訴

日軍暴行的主要證人，達夫死時剛好五十歲。

關於達夫晚年在南洋的這一段生活，目前已有許多文章曾詳細討論過，因此筆者可免去在此細加說明，但請讀者能參閱新文學史家劉心皇先生所撰的〈郁達夫在南洋〉一長文[註22]，以及政大西語系學友王潤華兄〈郁達夫在新加坡與馬來亞〉與〈中日人士所見郁達夫在蘇門答臘的流亡生活〉兩文[註23]。尤以後者係根據最新發現的中日文資料，就郁達夫在南洋的這段生活作了信而有徵的論述，對於有志研究郁達夫者，功勞最大。

以前國內讀者一直以為郁達夫在南洋除了編輯副刊，寫寫舊詩外[註24]，沒有甚麼創作。直至一九五六年，南洋作家溫梓川出版了《郁達夫南遊記》，在所收的二十三篇文章中，才首次看到有十五篇旅星時的作品。其後經過南洋作家方修先生以及日本東京大學東洋文化研究所伊藤虎丸、稻葉昭二、鈴木正夫三位先生的苦心蒐集，發現郁達夫在

《詩人郁達夫》

《郁達夫抗戰論文集》

南洋發表的作品百多篇。後者在近六七年來曾陸續出版了《郁達夫資料》一冊及《郁達夫資料補篇》上下兩冊，在補篇下冊（一九七四年七月出版）裡，收有達夫在星馬三年中所發表的詩詞文章、編者啟事及譯文等共二百篇，可惜凡《郁達夫南遊記》一書所已收者，均只列篇名而略去本文，是為缺陷。前者方修先生自六十年代後期起，即以個人力量苦心孤詣蒐集達夫遺文，至一九七二年中即已編纂完畢，取名《郁達夫抗戰論文集》共收一〇四篇文章，這在當時可說是唯一的一冊比較完整的郁達夫晚年創作集，可惜因排印工作的意外耽擱，等到由星洲世界書局出書時已是一九七七年二月，較上述《補篇》（下）慢了二年又七個月，在編印的意義上雖打了一個折扣，但方書是公開發行，而日文書則為非賣品，對讀者來講，方書是有其貢獻的。

六十六年六月，方修先生及其學生張笳又合編《郁達夫選集》一書，由星洲萬里書局出版，所收篇數雖較上述兩

書為少，卻也新發現若干新的資料，如〈為星中日報四周年紀念作〉、〈報告文學〉等數篇，為上述兩書所未收。

可惜前述四本書，均為臺灣讀者所未見，筆者既早對郁達夫傾心，肄業政大時，即曾不自量力在校刊《螢光》上發表過一篇〈郁達夫評傳〉。六十六年底旅遊新加坡時，利用友人到各處觀光時，獨自一人到南洋大學圖書館及當地各書店搜集資料。回來後，利用時間將前述四本書去其重複，編成一本到目前為止可說是最為完備的《達夫南洋文集》，為顧及讀者興趣，將此文集依內容分為兩類，分別名之為《郁達夫南洋隨筆》及《郁達夫抗戰文錄》，已交此間「洪範書店」印行，因此簡介如上，並說明成書經過，最應感謝的，還是前述四書幾位編輯者。

六十七年七月二十二日完稿
九十六年十二月十五日修訂
原載秦賢次編輯《郁達夫南洋隨筆》，
民國六十七年九月，臺北洪範書店初版。

《郁達夫南洋隨筆》

《郁達夫抗戰文錄》

【注釋】

註1：見郁達夫〈書塾與學堂〉——自傳之三——一文（《人間世》半月刊第十九期，民國二十四年一月五日出版）。

註2：見郁達夫〈孤獨者〉——自傳之六——一文（《人間世》半月刊第二十三期，民國二十四年三月五日出版）。

註3：見郁達夫〈大風圈外〉——自傳之七——一文（《人間世》半月刊第二十六期，民國二十四年四月二十日出版）。

註4：見郁達夫〈海上〉——自傳之九——一文（《人間世》半月刊第三十一期，民國二十四年七月五日出版）。

註5：日本大學，文理科三年畢業，法醫科則需四年畢業。

註6：見郁達夫〈五六年來創作生活的回顧〉一文。

註7：〈論郁達夫〉，《人物雜誌》第三期，民國三十五年九月三十日出版。

註8：同註6。

註9：創造社的主幹皆為留日出身，大都曾加入「丙辰學社」（後來改組為「中華學藝社」），社刊為《學藝雜誌》。

註10：鄭伯奇：《中國新文學大系》第五集〈小說三集導言〉，（民國二十四年十月，上海良友圖書公司出版）。

註11：此據《全國中文期刊聯合目錄》（一八三三～一九四九年）一書所載，當較可信。《創造季刊》第一期因主編回日參加考試，校對無人，錯誤太多，後來曾重排及再版多次，但重版時並不註明，僅印上重版當時之年月，以故各書記載紛歧異常，略記如下：

1. 五月一日者：《創造十年》作者郭沫若之回憶；

2. 六月者：戈公振《中國報學史》；

3. 八月者：張靜廬輯註《中國現代出版史料》丁編下及楊之華編《文壇史料》；

4. 秋季者：阿英《中國新文學大系：史料索引》；

5. 十一月者：國立北平圖書館《文學論文索引》。

鄙意以為達夫在十一年七月改作的小說《空虛》如果可信的話，

得知達夫於三月底大學畢業，四月初回滬，五月初旬又回日，如係五月一日出版的話，達夫在滬期間正可好好校對稿子，不應如《創造十年》作者所說，因達夫在日，無人校對，以致錯誤太多云。如為三月創刊，則時間與事實經過正好吻合，故為筆者所採信。

註12：郭沫若《創造十年》（載《革命春秋》一書，民國三十六年五月，上海海燕出版社出版）。

註13：〈血淚〉寫於十一年八月四日，發表於《時事新報》副刊《學燈》。可注意的是，當時《學燈》主編正是「文學研究會」主幹之一柯一岑。

註14：參閱開明版吳獻書編《英文漢譯的理論與實際》頁一三四～一三六，以及《創造十年》。

註15：同註6。

註16：同註6。

註17：王哲甫著《中國新文學運動史》頁三八三。（民國二十二年九月，北平傑成書局出版）。

註18：見郁達夫〈窮冬日記〉十六年二月十五日所記（載《達夫日記集》九四頁）。

註19：十六年二月十七日～四月二日。

註20：見黃得時《郁達夫先生評傳》（三）（《臺灣文化》月刊二卷八期，民國三十六年十一月一日出版）。

註21：參見林適存《我的幾本創作》頁五八～五九，及國防部總政治部《國軍政工史稿（上）》頁六八九～六九一。

註22：見劉心皇《郁達夫與王映霞》一書的附錄。民國五十一年七月，臺北流暢半月刊社初版；六十七年四月一日，臺北大漢出版社增訂重版。

註23：見王潤華《中西文學關係研究》一書，民國六十七年二月，臺北東大圖書有限公司初版。

註24：郁達夫在南洋所作舊詩詞，去世後經他人編輯出版者計有：

　　1. 鄭子瑜編《達夫詩詞集》，民國三十七年六月，廣州宇宙風社初版；四十三年二月，香港現代出版社再版；四十六年十月（序）星

洲世界書局四版。

2. 陸丹林編《郁達夫詩詞鈔》，民國五十一年八月，香港上海書局出版。

3. 劉心皇編《郁達夫詩詞彙編》，民國五十九年九月，臺北學術出版社初版。

4. 日文版《郁達夫資料補篇》（下），昭和四十九年七月，日本東京大學東洋文化研究所附屬東洋學文獻中心出版。

5. 方修、張笳合編《郁達夫選集》，公元一九七七年八月，星洲萬里書局出版。

　　以上五種，以後二書專收達夫在南洋所作者為限，出書最晚，所收也最完備，其中《郁達夫選集》共收有詩詞八十九首，為各書之冠。

梁遇春的文學生涯

五四運動之後，新崛起的一代文學家中，梁遇春可說是最受西洋作家影響的散文家。他成名於二十年代中期，在短短的一生中，雖僅留下兩本篇幅不厚的散文集，卻為讀者珍若拱璧，在這一點上即足以在新文學史上佔一席之位，名垂不朽。

梁遇春，字馭聰，筆名有春、秋心、藹一等，福建閩候人。生於民國前六年，即公元一九〇六年。早年生平不詳，韓侍桁在〈梁遇春的散文〉[註1]一文裡曾說過：「他是生長在北方，受教育在北方」，但這是不確的。至少他是在故鄉受完中學教育後，才到北方，考入北大預科的。當時的學制是初等小學四年，高等小學三年，中學四年，大學預科二年，本科四年，合計十七年。

北大預科乙部

　　十一年夏，梁遇春正十八歲，剛由福州福建省立第一中學畢業，即於秋天考入北京大學，唸預科乙部英文班一年級。是時，北大本科分為文、理、法三科（科後來改為學院）；預科因偏重語文訓練，僅分為甲、乙兩部。甲部僅設英文班，畢業後可直升理科肄業；乙部設有英、法、德文三班，畢業後可直升文、法兩科肄業。預科乙部在九年秋曾招有一俄文班，後來即不曾續辦；十四年秋起，又新設日文班，由此可見北大在當時，確較其他大學更注重語言訓練。

　　梁遇春所屬英文班，當時共有一七六人[註2]，年齡最大的為湘人張挹蘭女士，年二十九歲，後來死於李大釗一案[註3]。其餘大多為二十一、二歲，梁遇春則是年齡最小的五位同學之一。經過兩年的苦讀，終於順利地升入文科英文系肄業，時同學共有二十一人。

梁遇春像

梁遇春親筆手跡

北大文科英文系

北大當時可説是全國最高學府，校長蔡元培旅歐未回，校務由總務長蔣夢麟代理。英文系教授更是人材濟濟，堪説全國首屈一指，系主任先後由胡適之、陳源（通伯）、溫源寧等兼任，教授有張歆海（叔明）、徐志摩、林玉堂（語堂）、趙畸（太侔）、葉崇智（公超）、楊蔭慶（子餘）、關應麟（振伯）及英人柴思、畢善功，美人克拉克等。據梁遇春同班同學，後來成為著名的報人、小説家許汝驥（君遠）在〈記北大的教授群〉[註4]一文中的回憶，我們得窺見當時教學情形的一斑。許説：「陳通伯博覽群書，他的英文小説給我的影響極大，由於他的指導，我讀完了三四百本名著。……張歆海講英國文學史，但不到一年他便走入仕途。……溫源寧擔任過系主任，他的英文修養夠格，他講過文學史、莎士比亞、英國現代小説。……趙太侔在北大時期很短，我上過他的戲劇，他走了以後，課程由一位英國教授畢善功接替。……徐志摩講英文詩，因為他同時主編《晨報副刊》，叫座力非常強。……葉公超擔任英文作文和英國短篇小説，……林語堂擔任基本英文和發音學，他的一口美國式的英文真夠動聽，講書也活潑生動。」

又據前年去世，比梁遇春高二班的何聯奎（子星）先生（一九○三～一九七七年）在〈追思胡適、林語堂兩博士〉[註5]一文裡，對北大英文系也有生動的回憶，他説「民國十一年至十五年間，英文系老師聚於校者，各以所長擅一世。胡先生講作文小説，後由克拉克先生（Dr. Clarke）、陳源先生接替。溫源寧先生講英國文學史及十七八世紀文

學。楊子餘先生講英美散文及英文演說。柴思先生（Dr. H. Chase）講解英國文學名著，如迭更生（Charles Dickens）作的David Copperfield和A Tale of Two Cities；又講解英詩選讀，如F. T. Palgrave選纂的The Golden Treasury of the Best Songs and Lyrical Poems in the English Language。林（語堂）先生開文學批評和語音學兩課。他講述英文學家愛諾爾特（Mathew Arnold）文學及其評論，很精采，印象深刻。他的語音，得之於天者獨厚，文學修養，功力俱到。他講語音學，則用直接法指授語音法則，諄諄善誘，嘉惠良多。」

俗語說「名師出高徒」，英文系教授既名師如雲，確實也培養出許多傑出的人材，即以梁遇春這一班為例，後來在文壇上成名的即有：馮文炳（一九〇三～一九六七年），筆名廢名，湖北黃梅人，後為著名小說家；尚鉞（一九〇二～一九八二年），字鍾吾，筆名克農，河南羅山人，後來亦為名小說家；石民（一九〇四～一九四一年），字影清，湖南寶慶人；張鵬（一九〇三～　年），字友松，湖南醴陵人，以上兩人與梁遇春後來都是著名的翻譯家，譯有西洋詩歌與小說甚多；鍾作猷（一九〇四～　年），四川雙流人，後為暨大、川大名教授；夏葵如（一九〇〇～一九六八年），字濤聲，後以字行，安徽懷寧人，在學時已常在《語絲》週刊上投稿。

北大的文藝活動

在梁遇春肄業英文系的四年期間（十三年秋至十七年夏），與北大師生有關，且較著名的社團及其刊物重要有下列幾個：（一）由北大

文、法科教授陳源、徐志摩、王世杰、陶孟和、高一涵、周鯁生等發起成立的「現代評論社」及《現代評論》週刊，北大學生在上面發表作品的有許君遠、楊晶華、李競何、王煥斗（字向辰，筆名老向）、王思禕（實味）、王文元（凡西）等。（二）由北大文科教授魯迅、周作人、錢玄同、林語堂及孫伏園等發起成立的「語絲社」及《語絲》週刊，北大學生在上面發表作品的有章衣萍、王品青、臺靜農、夏葵如、馮文炳、石民、董秋芳（冬芬）、王文元、彭基相及梁遇春等。（三）由文科學生陳翔鶴、陳煒謨及馮至（君培）等發起成立的「沈鐘社」及《沈鐘》週刊及半月刊。（四）由魯迅、高長虹、向培良等發起成立的「莽原社」及《莽原》週刊及半月刊，北大學生加入為社員的有臺靜農、尚鉞及黃鵬基（朋其）等，「莽原社」後來分化為「未名社」及「狂飆社」。（五）北大學生李開先、董秋芳、褚保時、陸侃如、游國恩、陳鏄（雪屏）等，他們大抵是「文學研究會」北京會員，常有作品刊登於上海出版的《小說月報》及《文學週報》上。

語絲作家

梁遇春可說是標準的書獃子，他好學深思，於書無所不讀，但他往往有他自己的獨特意見，並不受他所閱讀的作家之思想所支配。在同班中，他開始發表作品的時間，比馮文炳（十二年四月，《詩》月刊）、夏葵如（十四年二月，《語絲》）、張友松（十四年八月，《小說月報》）、石民（十五年四月，《語絲》）等都為遲。處女作〈講演〉，寫於十五年十一月十九日，發表在十二月四日的《語絲》週刊一〇八

期上，署名「馭聰」，這時他是大學三年級，年二十一。發表在《語絲》上，猜想與馮文炳及文章本身與《語絲》的風格有關。

《語絲》可說是新文學運動以來第一個最重要的散文刊物，它的成員後來主持的刊物如《奔流》、《駱駝草》、《論語》、《人間世》、《宇宙風》等，莫不是當時散文重鎮，也可見其淵源流長。《語絲》創刊於十三年十一月十七日，它提倡幽默簡鍊的小品及潑辣鋒利的雜文，所謂「嬉笑怒罵，皆成文章」。發刊詞說，它反抗「一切專斷與卑劣」，文字則「大抵以簡短的感想和批評為主。」實際負責編務的是周作人，社員亦即撰稿人，共有十六位，社員稿件來即由李小峰發排；外來稿件則送周作人定奪。《語絲》曾先後闢有《我們的閒話》、《大家的閒話》及《閒話集成》等專欄，專載精悍的雜感，〈講演〉一文正是登在《閒話集成》欄裡。馮文炳是周作人的「四大弟子」之一，作品登在《語絲》較梁遇春早且多，所以我以為梁遇春除了文章風格與《語絲》相近外，其投稿《語絲》多少或與其至友馮文炳有關。梁遇春的第一本散文集《春醪集》前面九篇，均寫於北大的最後二年，大抵多發表在《語絲》，難怪，早年的梁遇春因而被目為語絲作家。

十七年春，梁遇春選譯了十個心愛的英國作家傑作各一篇，題為《英國小品文選》，交給上海的開明書局，於十八年初版，採用英漢對照，並加註釋的方式出版。據說這種辦法是周作人建議，期使讀者感到更有興味外，更可用以自修英文。以後梁遇春在「北新書局」出版的短篇小說、散文、詩歌等譯作十多種，都採用這種方式。

十七年六月，梁遇春自北大西洋文學系（十六年秋起，英文系改名西洋文學系，一年後又改回英文系。）畢業。本年西洋文學系畢業者共十一人，包括石民、許君遠等在內。其餘如夏葵如、張友松等早已退學；馮文炳、鍾作猷等因休學一年，遲至翌年始畢業。

暨大與新月

十七年九月，梁遇春應北大老師葉公超之約，至上海暨南大學任外國語文學系助教，講授英國散文，時間前後僅一年半，至十九年二月止。暨大初名暨南學堂，光緒三十二年由兩江總督督端方創辦，原設南京，後遷上海真茹。十六年夏，改組為國立大學，由鄭洪年任校長。梁遇春進暨大時，系主任為葉公超先生，外文系教授有梁實秋、饒孟侃、顧仲彝、林語堂等；其他科系之教授講師另有劉英士、羅隆基、潘光旦等人，以上諸人除林語堂外，可說都與「新月」有密切的關係，他們或係新月股東，或係新月主編，或係新月撰稿人，暨大由局外人看來，簡直成為早期「新月派」的大本營。十八年夏，葉公超轉往清華大學。十九年夏，梁實秋前往新成立的青島大學；饒孟侃、劉英士前往改組後的安徽大學，其他「新月」主幹也紛離上海，致使月刊的出版時常衍期，到二十年十一月十九日，徐志摩因飛機失事而不幸喪生後，「新月派」已逐漸式微。註6

海外出版界

　　梁遇春處在這樣的環境下，又兼以《新月》月刊新闢《海外出版界》專欄後，梁遇春即成為主要的執筆者，因此很容易被誤會為「新月」中人。其實只要細加考察，就會發現全不是那麼一回事。《海外出版界》的主要目的係「用簡略的文字介紹海外新出的名著，和從出版界到著作家的重要消息，……使讀者隨時知道一點世界文壇的現狀。」註7從一卷八期起，至二卷八期止，共刊出十一期，僅中間二卷五期停刊一次。其後自四卷三期起重新刊出，至終刊號止，又刊出五期，前後總共十六期。從執筆人看，可知《海外出版界》構想的提出者當是葉公超，而梁遇春則是其有力幫手。二卷五期的停刊一次，正是主編葉公超離滬前往清華任教。二卷六、七期合刊起，《海外出版界》改由梁遇春接編，二卷八期後的首度停刊，則為梁遇春的離滬北上。四卷三期的重刊，又是在葉公超接編《新月》之後開始，直至終刊為止。梁遇春在《海外出版界》上總共發表了十七篇文章，大抵用梁遇春本名，但有時則署名「春」或「秋心」。顯露出他對西洋文學的極深造詣與精闢見解。梁遇春為《海外出版界》執筆，我以為僅在於他與葉公超的師友及同事的雙重關係，因而拔刀相助罷了。此外他生前在《新月》上，僅另登過一篇藍姆的譯作而已。

《新月》與《奔流》

　　事實上，梁遇春的兩本散文集，《春醪集》的最後四篇以及《淚與笑》的大部份，大多發表在魯迅、郁達夫合編的《奔流》月刊

（十七年六月創刊）、趙景深主編的《現代文學》月刊（十九年七月創刊）、石民主編的《青年界》月刊（二十年三月創刊）以及北平由周作人主編的《駱駝草》週刊（十九年五月創刊）等刊物上，前三種刊物均係由上海北新書局出版發行。僅有的例外係，梁遇春死後，葉公超將《淚與笑》的最後三篇登於《新月》上，註明為秋心遺稿。我想，梁遇春生前其散文不曾登在《新月》上，大概與他的文章往往帶著陰沉淒涼的情調，讀後讓人有悲哀的感覺，有違《新月》創刊時揭櫫的「健康與尊嚴」二大原則有關吧？這也是我認為梁遇春為什麼不算是新月派作家的最大理由。熟悉30年代初期文壇史話的人更會發覺，梁實秋在《新月》上發表的幾篇文章著實刺痛了當時二位文學左翼大師魯迅與郁達夫，而他們兩人正好是梁遇春常在上面發表文章的《奔流》之主編。

暨南與北大

　　梁遇春於十九年二月離開暨南，回母校北京大學，任圖書部事務員，兼預科英文講師。離開暨南的原因，據石民的說法是，在學校「無事幹，白拿錢，自己深覺無味。」在北大，又感到那兒事情太煩，除了在圖書館辦公外，他還要教課，而教課卻是他深以為苦的，雖然他在暨大的學生溫梓川曾經力讚他教書的高明。

譯作生涯

梁遇春在暨大及北大前後共四年,除了創作外,他另一方面的成就係在翻譯上。其譯作生前出版的,除《英國小品文選》係十八年開明書店出版;《近代論壇》(狄更生著)及《戀愛與婚姻》(靄理斯著)也同係十八年由春潮書局出版外,其餘均在十九年以後,統由北新書局出版。病故後,其北大學弟袁家驊(嘉華)(一九〇四~一九八〇年,江蘇常熟人,十九年六月,北大英文學系畢業。)曾將梁遇春未譯完的康拉德長篇小説《吉姆爺》加以整理補譯,由胡適之作序,並介紹交由上海商務印書館於二十三年三月出版。

春潮書店係其同學張友松與夏康農註8創辦,成立於十七年秋,以經營不善,兩年後停辦。北新書局係梁遇春之北大學長李榮第(小峰)創辦,成立於十四年,其前身可説是出版發行《新潮》及《語絲》的「新潮社」出版部。梁遇春同班至友石民於北大畢業後,即到北新任編輯,這也是梁遇春的書後來總在北新出的原因。在北新出版的主要譯作有:《小品文選》(十九年四月)、《英國詩歌選》(十九年八月)、狄福長篇小説《蕩婦自傳》(二十年七月出版,書前有葉公超序,列為北新《世界文學名著叢書》之一。)及《小品文續選》(二十四年六月)等四種,其他有列為《英文小叢書》的袖珍本小冊子十多種,如《幽會》(高爾斯華綏,十九年十月)、《紅花》(迦爾洵,十九年十月)、《厄斯忒哀史》(懷特,十九年十二月)、《詩人的手提包》(吉辛,二十年三月)、《三個陌生人》(哈代,二十年五月)、《老保姆的故事》(蓋斯凱爾夫人,二十年五月)、《我們的鄉村》(密

特福特，二十年五月）、《最後的一本
日記》（二十年五月）、《一個自由人
的信仰》（羅素，二十年五月）、《草
原上》（高爾基，二十年六月）、《青
春》（康拉德，二十年七月）、《情歌》
（二十年十一月）、《草堂隨筆》（懷
特）等等，上述各書都是英漢對照，並
附有譯注的。

此外，梁遇春在北大畢業前，也
曾與學弟顧綏昌（一九〇四～X，江蘇江
陰人，袁家驊同班同學。）兩人合譯屠格
涅夫的中篇小說《浮士德》，十七年三
月，由北新書局列為《歐美名家小說叢
刊》之一出版。

《春醪集》

梁遇春一生最主要的成就，即在
於他的散文。處女作《春醪集》十九
年三月，由上海北新書局出版，收散
文十三篇。晦庵在〈二本散文〉一文
上說「（其中）如〈寄給一個失戀人的
信〉、〈醉中夢話〉、〈人死觀〉、

《春醪集》

《淚與笑》封面

〈還我頭來及其他〉、〈失掉了悲哀的悲哀〉等，一看題目，就知道作者苦思竭慮，對人生進行著不斷探索，真有『語不驚人死不休』的味道。」該書卷首有篇序文，自敘春醪題名的由來。這篇序文係十八年五月寫於真茹暨大，不料三年後就與世長辭了。二十一年六月二十五日，一場要命的猩紅熱症，奪去了這位天才的生命，死時年僅二十七歲。隔了幾天，他的小女孩也跟著死了，遺留下一個新婚未久的寡婦及一幼兒。

《淚與笑》

第二本散文集《淚與笑》，事實上在去世不久就由廢名編好，輾轉找人出版，至問世時，已是二十三年六月，出版者為上海開明書店。全書收散文二十二篇，序三，為廢名、劉國平、石民作，跋一，為葉公超作。其中，劉國平係梁遇春同鄉，小遇春一歲，十四年秋以同等學力考進北大預科乙部法文

班，二年後，升入本科哲學系，與香
港名作家徐訏同班，二十年夏，自北
大畢業。

諸家評語

最能欣賞梁遇春散文者，莫過於廢
名、葉公超、晦庵、柳存仁（雨生）、
及溫梓川等。廢名説：「他的文思加星
球串天，處處閃眼，然而沒有一個線
索，稍縱即逝。」又説：「秋心的散
文是我們新文學當中的六朝文，這是
一個自然的成長，我們所欣羨不來學
不來的，在他寫給朋友的書簡裡，或
者更見他的特色，玲瓏多態，繁華足
媚，其蕪雜亦相當，其深厚也正是六朝
文章所特有。」葉公超先生在《新月》
四卷三期上，曾以「棠臣」之筆名，提
到梁遇春説：「（如果）Essay文學，
在英國的文壇上，放者特殊的光彩的
話；那麼梁先生的散文便應該認做是小
品文的正宗，因為他的作品，很明顯的
是英國Essay的風格。……〈流浪漢〉

梁遇春《毋忘草》

《梁遇春散文集》

那篇文章……實在是一篇精心結撰的 Essay。」葉公超先生也幾乎是唯一的一個能指出梁遇春的批評文章有其過人的地方。在同期《新月》上，他曾以編者身份在梁遇春遺稿〈Giles Lytton Strachey 一八八〇～一九三二〉一文後，加上案語道：「這篇論文在近年來的介紹作品中可算是難得的筆墨。自斯特剌奇死後，英國的泰晤士文學副刊，美國的星期六文學週報，以及法國的法文新評論報均先後有專論發表，但是讀了這篇文章之後，我們覺得梁君瞭解與鑑賞似乎都在他們的作者之上。梁君不但能從斯特剌奇的幾部傳記中找出斯特剌奇的面目來，還能夠如斯特剌奇那樣邃密的眼光和巧妙的筆路來反映他自己對於一個偉大作家的印象。」晦庵批評梁遇春説道：「他愛思索，愛對自己辯論，有時帶著過多感傷的情調，雖説時代使然，卻也不能不（說）是他個人的缺點。」又説：「我喜歡遇春的文章，認為文苑裡難得有像他那樣的才氣，像他那樣的絕頂聰明，像他那樣顧盼多

姿的風格。」[註9]柳存仁及黃俊東兩位先生的意見俱見本書附錄，此地不再摘引。誠如梁遇春自己在〈從孔子到門肯〉一文裡說：「小品文是最能表現出作者的性格的。」梁遇春文中常常有意味無窮的警句，來表達他對於人生深切的認識，他深得小品文的真味，能夠把深刻的思想用平易的辭句表現出來，「隨便說一句話，都含有無限的深意，這都是讀破萬卷後所得的綜合。」總之，梁遇春好讀書，又健談，對西洋文學造詣極深，加以具有天賦的才氣，他的散文走的是正宗西洋Essay的路子，在這方面影響他最大的莫過於英國的培根、藍姆、哈日利特及法國的蒙田等諸散文大家。

民國六十八年三月六日初稿
民國九十六年十一月十八日修訂

後記

　　十幾年前，當編者仍肄業政大時，偶然從舊書攤購得一本脫了書皮的當代「載道」派小品文選集，上面選了梁遇春的三篇散文，即收於《春醪集》裡的〈人死觀〉、〈談流浪漢〉及〈春朝一刻值千金〉。這是編者首次接觸到梁遇春的作品，也立即為其特異的風格所吸引，此後即牢記住梁遇春這個名字。後來僅知道該書係二十五年五月由上海啟明書局出版，請作家錢公俠及施瑛兩人編選的《小品文》第二冊，不過從未見有人提到該書。

　　六十六年十二月與好友同學張義明兄旅遊東南亞時，不意在香港的書店買到了梁遇春的《淚與笑》一書。回國仔細讀完該書後，即起意為梁遇春編一本較完善的散文集，費盡心神，始由旅日作家喬炳南先生從日本京都大學人文科學圖書館影印寄回《春醪集》一書。同時編者也由全套《新月》月刊中找出梁遇春為《海外出版界》專欄執筆的十七篇文章。此外，香港友人王偉明及方寬烈兩兄也曾經費神代為影印一些有關梁遇春生平的資料及文章，又黃俊東兄允許將他的大作〈薄命文人梁遇春〉一文收入本書，編者在此謹向上述諸人致最誠摯的謝意。

　　編者在撰寫〈梁遇春的文學生涯〉一文時，從資料中得知梁遇春在北大的業師，前外交部部長現任總統府資政的葉公超先生對梁遇春一生的啟發與影響最大，乃不揣冒昧訪問葉先生，請教及求證許多從前缺乏文字證明的事實，編者也在此敬表謝意。

　　最後應該說明的是，本書中《春醪集》及《淚與笑》二輯均照原書次序編排，僅將《淚與笑》一書的序跋移至附錄〈關於梁遇春〉

裡。又〈談英國詩歌〉一文，原是北新版《英國詩歌選》一書的長序，寫來很費功夫，編者不忍割愛，故自作主張將其編列入第二輯《淚與笑》的最後一篇，合併說明如上。

原載秦賢次編輯《梁遇春散文集》，
民國六十八年四月，臺北洪範書店初版。

【注釋】

註1：見《文學評論集》一書，民國二十三年四月，上海現代書局出版。

註2：見十四年四月北京大學報教育部之〈畢業生履歷一覽表〉。

註3：參見《傳記文學》第三十二卷第六期，民國史事與人物專欄——北京搜查俄使館事件。民國六十七年六月一日，臺北傳記文學出版社出版。

註4：見《人人週報》第一年第五期，民國三十六年六月七日，上海人人週報社出版。

註5：見《傳記文學》第二十八卷第六期，民國六十五年六月一日，臺北傳記文學出版社出版。

註6：參見秦賢次〈新月派及其淵源〉一文，民國六十七年一月十九日，聯合報副刊。

註7：見《新月》月刊第一卷第七期〈編輯餘話〉，民國十七年九月十日，上海新月書店出版。

註8：夏康隆（一九○二～一九七○年）學名檢，字亢農，後改名康農，筆名浩然，湖北武昌人。肄業北高師附中時，與張鵬（友松）同班。民國十年秋赴法國里昂勤工儉學，得里昂大學理學碩士。回國後，歷任武昌大學、暨南大學、勞動大學及北平大學諸校教授。譯有《茶花女》等書。

註9：見晦庵《二本散文》一文。

崇高的靈魂
——散文名家陸蠡

在抗戰期間，慘死在日本軍閥手上的我國文學家中，郁達夫與陸蠡可說是最著名的兩位。他們恰巧同是浙江人，雖然在性格與氣質上兩人絕然相反，但在「為愛國而亡」這一點上，卻是純然相同。同時，他們兩人的死亡情形從無人知曉，後來也一直未發現屍體下落，因而益發引起友人與讀者的無限懷念。這也是為甚麼我在編完《郁達夫南洋隨筆》及《郁達夫抗戰文錄》兩本散文集後，接著再編《陸蠡散文集》的最主要原因。

陸蠡，原名陸考源，學名聖泉，後以筆名陸蠡行，曾用化名耳白，偶而也曾另署陸敏、盧蠡、大角等筆名。前清光緒三十四年戊申四月十七日（公元一九○八年五月十六日），陸蠡生於浙江省天台縣西鄉的小鎮——平鎮上。平鎮離天台縣約二十公里，深處內陸，地瘠民貧，可說是得風氣之「後」者。村民除農稼外，就以打柴伐木為生，過的是中國幾千年來傳統下的農業社會生活。陸蠡

父親名賢馨，在地方上，陸家應當還算富裕，否則在陸蠡受完幼年的私塾及小學教育後，絕無餘力送他到外縣求學。五四前後的學制係，六歲時入學，經初小四年，高小三年，中學四年，大學預科二年，本科四年，如能順利畢業應為二十三歲。

民國十年秋季，陸蠡十四歲，首次由故鄉負笈省垣，考入杭州著名的基督教會學校「蕙蘭」，開始接受中學教育。根據《今生今世》一書的敘述，胡蘭成也同時進入蕙蘭中學。一年之後，陸蠡又轉入杭州另一著名的教會學校之江大學舊制附中二年級肄業，轉學原因未詳。

之江大學是我國教會大學中成立最早的一間，清光緒二十五年（公元一八四五年）由美國長老會創辦於浙江鄞縣，當時取名「崇信義塾」，同治六年（公元一八六七年）遷移至杭州塔兒巷，增設高等班後，改稱「育英書院」，宣統三年（公元一九一一年）再遷至秦望山南麓錢塘江畔，乃更名「之江學堂」，至民國九年改稱之江大學。在此要補述一事，即前述之郁達夫，亦曾於民國元年秋入之江預科肄業，後因無法忍受校中過份濃厚的宗教氣氛及課程，終於引發風潮而退學，在校實不及半年。之後，旋即轉入蕙蘭中學肄業。

民國十二年秋，陸蠡升之江舊制附中三年級時，教育部已改訂原四年制的中學學制為初中三年，高中三年；因此之江附中也跟著改為新制。陸蠡遂升入新制的附中高中二年級。民國十三年秋，吳文林（朗西）、許茂勛（天虹）同時轉入附中高三，與陸蠡同班。陸蠡在之江附中時，認真求學，國文造詣尤為全班之冠，很得老師顧敦鍒（雍如）的讚賞。在同學中，陸蠡與吳金堤（春堤）、湯獨新、許天虹、吳朗西等人最交稱莫逆。「大家對文學、數學和自然科學都極有興趣，

常在散課之後，同坐江邊石上，一邊吃花生米，一邊暢談著日月的盈仄、江潮的起因。有時往圖書館借一些《科學入門》的書籍，每天晚上在宿舍便同證幾何題。假日則遊山玩水，虎跑、九溪十八澗、五雲山、雲栖……都留下他們的足跡。」註1

其中，許天虹與吳朗西後來成為陸蠡文學上及事業上親密的夥伴。許天虹，筆名白石，經過不斷的努力之後，成為一位成功的翻譯家，譯有褚威格的《托爾斯泰》（改進版）、西洛尼的《瑪志尼》（改進版）、狄更斯的《雙城記》（神州國光社版）與《大衛高柏菲爾自述》（文生版），以及《傑克倫敦短篇小説集》（文生版）等書；吳朗西於十五年四月留學日本東京上智大學，經預科三年，本科二年半，祇差半年即將畢業，卻因「九一八事變」發生，憤而提前回國。吳朗西在上智大學時唸德文科，曾兼習哲學。回國後，第一本譯作《五年計劃的故事》，係蘇聯著名童話作家伊林的傑作，二十年十二月，由上海新生命書局初版。其後，於二十三年四月與友人在上海創辦《美術生活》月刊，甚為成功，翌年更擴大美術生活雜誌社而成為文化生活出版社。吳朗西，筆名靜川、石生，早年也譯作甚勤，但結集出版不多，曾譯有日人芥川龍之介的《羅生門》及德人施篤謨短篇小説多篇。註2

十四年二月，陸蠡與湯獨新在冬天最冷的幾天中，因升火取暖，不慎將學校宿舍地板燒黑，陸蠡單獨承擔過錯，遭受退學一年處分而回家自修。十五年二月，回校修完高中三年級下學期課程。

十五年秋，陸蠡升入之江大學一年級。「這時他頂熱心的是讀西洋文學名著，暇時又讀天文學，夜晚看星座，他又化了許多功夫，

搜集了很多中國古時星宿的名稱，和西方星座的名稱對照，畫了幾張有趣的星座圖。所以，聖泉不僅對文藝有豐美的天賦，寫過雋永的散文，他對自然科學也有廣博的修養。他翻讀得最多的（是）牛津大學出版部出版的一本天文學大書，還有《魯賓遜飄流記》、《希臘神話》，法國拉封登的《寓言詩》（他譯過幾首，登在他創辦的《少年讀物》上。）讀書工作之暇，他還常常寫畫彈琴，作為消遣。」註3

十六年春，北伐之國民革命軍克復杭州。四月，因戰亂關係，之江員生星散。兼以當時「收回教育權」運動已普及全國，十六年夏，之江校董會呈文浙省當局，請求立案，但以未能符合大學院及省政府頒佈規定，不准立案。

是時，吳稚暉、蔡元培、李石曾、張靜江諸先生正在滬上提倡勞動教育，計劃以江灣的模範工廠及遊民工廠為基礎，改設勞動大學。事實上，實際籌劃者，如易培基（寅村）、沈銘訓（仲九）、匡務遜（互生）、熊夢飛（仁安）及王雍（鳳喈）等全是前湖南一師校長及教員，也多半加入當時以發展教育為宗旨的「立達學會」註4。沈、匡兩人於勞大籌備就緒後，即回同設江灣的「立達學園」。勞動大學於是年秋登報招生時，其辦學宗旨，頗引起許多有志青年的景仰愛慕。陸蠡與吳金堤兩人即聯袂前往報考，取入勞工學院機械工程系。

勞動大學係國立編制，除學生全部公費外，學校還免費供應膳宿及制服等，因此錄取學生多為清寒子弟，素質也高。惟一與他校不同的是，學校的教學係以勞動與教育並重，這是民國以來迄今為止，僅有的一所高等勞動學校。十六年秋季開學時，僅成立勞工學院（後改工學院）及勞農學院（後改農學院），一年之後接著成立社會科學院。

工學院設有機械工程、電機工程、土木工程三系。當時人事係，易培基任校長，程干雲（松山）任總務長兼工學院院長，熊夢飛任秘書長，郭須靜（厚菴）任農學院院長，彭襄（海厂）任社會科學院院長，繆崑山任圖書館主任，黃叔培任機械工程系主任。當時勞大並無教務長的設置，僅在各學院自設訓導主任，工學院的訓導主任則為周長憲（邦式）。教授前後有黃文山（凌霜）、孫寒冰、易克嶷（麐甫）、鄧漢鍾、章益（友三）、葉法無、王鳳喈、賀之才、黃敬思、梁就明、俞頌華、陳國榮、包容（伯度）、韓雁門、汪呈因（天白）、莫定森、楊健、林喬年（君展）、何尚平、李亮恭、吳樹閣、張農（書紳）、陳蓋民、梁砥中等，可說是陣容堅強，教學亦認真嚴格，本是優良的求學環境，具有美好的前程。可惜開辦未及三年。即因蔡元培及李石曾兩系在教育上有所齟齬，勞大遂成為兩系政治衝突下的犧牲品，此後學校即風潮迭起，師生均無法安心教學，誠為不幸。

十九年六月，教育部奉令停止勞大招生。九月，校長易培基被免職。十二月，王景岐（石蓀）奉派接掌勞大，員生離去甚多，原社會科學院長彭襄辭職，由章淵若（哲公）接任；原工學院長程干雲辭職，由陳有恆接任；原機械工程系主任黃叔培亦去職，由梁砥中（畫家梁又銘之兄）接任。二十年七月，在陸蠡等第一屆學生畢業後，勞大即由部令暫行解散。

在陸蠡的作品中，我們從未見其提及在勞大四年中的生活及求學情形，想來勞大對他來講，並無甚麼愉快的記憶。筆者亦曾訪問勞大當時的教授或學生多人，無人對其有何特殊印象，由此亦可見，陸蠡在校中是個安份守己的學生，並非活動份子。

陸蠡自勞大畢業後，曾「去杭州教書，後來回到故鄉」。（引自吳金堤〈記友人陸聖泉〉）

二十二年春，陸蠡由吳朗西的介紹，前往福建泉州私立平民初級中學教書，教的是他的本行，物理、化學、數學，同時也教英語，時平中校長為陳範予（一九○一～一九四一年），教務主任為伍禪（筆名陸少懿）。陸蠡除在平中外，也兼在泉州黎明高中教課。陸蠡一向是喜歡科學與文藝的，而和他一起同事後來成為翻譯家的除吳朗西、伍禪外，還有陳瑜清（筆名諸侯）。他們本都是喜歡動筆寫作的，陸蠡在耳濡目染之下，也開始利用課餘之暇，從事創作與翻譯。散文集《海星》中的大部份，就是在這時候寫成，最早的處女作〈海星〉，寫於二十二年八月，作者因取為書名，以資紀念。陸蠡與他的表妹袁美珠結婚，就在來泉州不久的時候，結婚翌年，生下一個女孩，取名蓮英。此外，有需一提的是，陸蠡與巴金初識，時為二十二年五月下旬，即巴金第二次的泉州之行，地點即在平明中學。

二十三年八月，陸蠡又應當時已擔任上海南翔立達學園高中部農村教育科主任陳範予的邀請，回到上海，在立達農村教育科任教，前後有一年半，迄二十五年一月止。

二十五年初，再應老友吳朗西之懇請加入「文化生活出版社」，與巴金、麗尼等人共同主持編輯工作。

「文生社」成立於二十四年五月，係陸蠡前之江同學吳朗西約同伍禪、麗尼等文藝界友人創辦的，由吳朗西夫婦負責實際的出版業務。在他們的苦心經營下，曾先後出版過《文化生活叢刊》、《文學叢刊》、《文季叢書》、《現代長篇小說叢書》、《譯文叢書》、

《現代日本文學叢刊》、《烽火小叢
書》、《烽火文叢》、《水星叢書》、
《契訶夫戲劇集》、《劇作家選集叢
書》、《綜合史地叢書》、《少年讀物
叢書》、《青年讀物叢刊》、《文學小
叢刊》、《翻譯小文庫》、《少年科學
叢書》、《現代科學小叢書》以及朱洗
（玉溫）著作的《現代生物學叢書》，
卞之琳翻譯的《西窗小書》，吳克剛編
譯的《戰時經濟叢書》等十多種，其中
尤以《文學叢刊》及《譯文叢書》風行
一時，其水準之高，冠於全國，「文生
社」可説是當時中國出版界後起之秀。

　加入「文生社」，是陸蠡跨向文學
生涯的轉捩點。此後，陸蠡的所有著作
均由「文生社」出版。二十五年四月，
第一本譯作，法國詩人及小説家拉瑪爾
丁的長篇小説《葛萊齊拉》，列為《文
化生活叢刊》第九種出版。譯者在〈後
記〉上説道：「譯此書的動機，純是一
時高興。若説是也算淘掘法國文學遺產
中一顆並不煜煌璀璨的明珠，則我並無
此種奢望。本書從原文法語譯出，註釋

《葛萊齊拉》

則都是我自己加上去的。承友人瑜清借我數種不同的版本，並為我悉心從原文校閱一番。」陸蠡有語文天才，除精通英、法兩種語文外，還自修過日語、俄語及世界語，中文不用説更是優雅流暢，辭彙豐富，這是翻譯的最適當人材。即使具有這些優良條件，陸蠡對於翻譯從來不敢掉以輕心，毋寧説，反更為慎重仔細，一心求好。每譯一書，必取各種不同語言的版本，費神互校，並以譯文就正友人，其負責精神實非常人所能及。友人中，以求教於同學許天虹處最多，如所譯《羅亭》及《煙》等均是。

　　二十五年八月，陸蠡第一本散文集《海星》出版，列為《文學叢刊》第二集。集中一、二、四輯寫於泉州教書時代，其中部份作品曾以盧蠡筆名，用《榕蔭散集》為題，發表於二十三年十一月的《水星》月刊（卞之琳、巴金主編）上；三、五兩輯的大部份則寫於本年春天，其中〈松明〉、〈紅豆〉兩文曾發表於七月份的《作家》月刊（孟十還主編）上。隨著《海星》的出版，

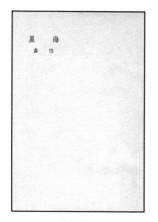

《海星》

陸蠡聲譽鵲起，成為國內有數散文名家之一。

二十七年三月，陸蠡第二本散文集《竹刀》出版，列為《文學叢刊》第五集，本書作者曾一度易名為《山溪集》。根據作者〈後記〉，得知《竹刀》上集七篇寫於二十五年六至十二月，下集二篇寫於二十六年一至四月。《竹刀》與《海星》最大的不同，就是每篇文章的篇幅加長了，純是自然景物的描寫不見了，集中大都描寫作者幼年時在故鄉所聞所見，文字不帶慍火氣，然通篇貫注作者感情，讀後著實令人感動。作者自云：「這集子，可作為我生命的里程碑。往事如墜甌，我頗懶於一顧。倘不幸遺下一絲感喟，那不過是凡人之情而已。」

二十七年九月一日，「文生社」創辦《少年讀物》雜誌，由陸蠡負責編輯。《少年讀物》係半月刊，出滿一卷六期後，即於十一月中停刊。陸蠡曾以「大角」筆名，在上面用通俗筆調介紹有關天文學方面的知識。《少年讀物》

《竹刀》

在抗戰勝利後，曾於三十五年一月復刊，並改為月刊，卷期續前，出至四卷五期，即三十六年五月時停刊。在復刊的《少年讀物》上，曾刊出《陸蠡紀念特輯》，執筆者有巴金、靳以、懷玖、雨田、單復等人。

二十九年八月，陸蠡第三本散文集《囚綠記》出版，列為《文學叢刊》第六集。集中各文是從二十七年秋至二十九年春之間，陸續寫成的。文字較前面二集更是爐火純青，其中第一輯，很有西洋正宗散文的味道，不過不像梁遇春早年《春醪集》那樣過份洋化。同時，陸蠡的文章較梁遇春流麗，也更控馭得住文字。如果散文需講究技巧結構的話，陸蠡也比梁遇春更來得講究。

總之，陸蠡幼年是在浙東山區長大的，在離開家鄉出外求學以前，故鄉的草木蟲鳥一直是他熟悉的伴侶，那種環境也培養他好寂寞、喜深思的習慣。同時，陸蠡生長在新舊社會交替極為劇烈的時代，而傳統封建社會遺留下來的不合理制度，加在他的家人、親戚、或鄉人身上，曾引起他莫大的憤慨，這兩種題材似乎是他最喜愛的，寫來也最親切感人。

除了散文的創作外，翻譯是陸蠡對文壇的另一大貢獻。除了上面提及的《葛萊齊拉》外，陸蠡也翻譯過舊俄三大小說家屠格涅夫的兩本長篇小說《羅亭》及《煙》。這是屠格涅夫一序列長篇小說的第一部《羅亭》及第五部《煙》。其他，由麗尼譯成第二部《貴族之家》及第三部《前夜》；由巴金譯成第四部《父與子》及第六部《處女地》。六部均列為「文生社」的《譯文叢書》出版。

戰前，陸蠡等三人相約同譯此六部小說，動手最快的是陸蠡。《羅亭》一書〈後記〉寫於二十五年十二月十四日，年底出版。翻譯

時，陸蠡曾參考英、日譯本多種。並請友人麗尼、陸少懿、許天虹幫忙校對。《煙》出版於二十九年七月，據〈後記〉云：「譯文脫稿於一九三七年夏季，⋯⋯曾就正於許天虹君。」延遲出版，不消說是因為戰事突起的關係。從翻譯《煙》一書的經過，我們也可以看出陸蠡的「劍及履及」的積極精神。在懷玖的〈憶陸蠡〉一文，曾經寫道：「就是這個人，用他的耐心和慎重，一部接連一部地貢獻譯本，而且在工作時絕不聲張。據他一位老友告訴我，有一次他忽然不見了，大家急得到處找他。過了幾天接到一封信，纔知道他已經悄悄地溜到了北平。他在那裏寄居在一家公寓裏，上午出門遊覽，下午關起房門來譯書，三個月後挾著一大包稿子回到上海來，這就是日後出版而得到許多讀者的《煙》」。事實上，得到的不衹《煙》，我們也得到了題名〈囚綠記〉這篇在陸蠡散文集中非常出色不同的一文。

　　陸蠡讓我們崇拜的是他的散文，他的譯作，但最讓人永懷不忘的是，他那視死如歸，慷慨就義的愛國精神與偉大情操。中國讀書人所謂「富貴不能淫，貧賤不能移，威武不能屈」，他可以當之而無愧。

　　二十六年「八一三」滬戰後，上海淪為「孤島」，「文生社」負責人相繼離滬轉往內地去。陸蠡也曾短時期到過內地，很快就又回來，守護住出版社，使其維持不墜。因此「文生社」在抗戰吃緊時期，仍能咬緊牙關，源源出書不斷，這大多是陸蠡的功勞。然而在三十年十二月八日，太平洋戰爭爆發後，這原本陰黯的「孤島」，立即陷入日軍血腥的魔掌，而最最不幸的噩運，終於臨到我們的作家身上，離陸蠡第二次新婚（夫人張宛若女士）還不到兩個月呢！

三十一年四月九日，當天陸蠡適值外出，「文生社」像其他書店一樣，終於不可避免地受到嚴厲的搜查，搬載走兩大卡車的新舊書籍。這時正值靳以的抗戰長篇小說《前夕》第二冊才出版不久[註5]。據說，《前夕》一書，使日軍大為震怒，認為書中抗日意識濃厚，於是便要找出版社的負責人。由於陸蠡為人忠懇負責，酷愛正義，加上天真的生物學博士朱洗的慫恿，於是陸蠡隨同朱洗在四月十三日，親到法國巡捕房去辦交涉。冷血的法國租界當局無情地把陸蠡轉送到虹口日本憲兵隊拘留所，從此陸蠡就再沒有走出來，甚至於沒有下落。「這是他的一點錯誤，他還以為可以把事情弄得清白，免去書店的損失；忘記在敵人的毒手下，怎麼能有真理和正義存在！」[註6]

　　據說，他唯一的罪名就是他的倔強，口供強硬。日敵問他愛國不愛國，他不能違背自己的良心，肯定地說愛國；又問贊不贊成南京政府，他說汪精衛是漢奸；最後問他對於大東亞戰爭的看法，他認為必然失敗。「他可以撒謊，然而誠實是他的天性，他的勇敢不含絲毫矯情。為什麼我們能夠在最後保持勝利？正因為這個老大民族忽然盡出這些信心堅定視死如歸的年輕人。古代希臘哲人蘇格拉底在被判死刑以前曾為自己這樣申訴：『我寧可照我的樣式說話而死，也不照你們的樣式說話而活。』」[註7]陸蠡最後受刑而死，時間約在是年七月二十一日之後[註8]。也有人說是在五月十二日晚，即因受刑不過吐血而亡[註9]。死後，天台老家還有著年老的雙親和他前妻留下的女孩。

　　讀過陸蠡作品的人，無論怎樣也想像不出，事實上，他是其貌不揚的。短小的身材，清癯的面貌，而且右眼失明。拙訥加上形貌的委瑣，因而給人的印象，也就越發顯得質木。他服裝簡樸，不善交際，

喜歡埋頭做事，不求人知。他心地坦白，忠誠待人，不願說好聽的話，不肯做虛誇的事。有時，他的率直能夠給人不留餘地。傳說四位朋友在社中打牌，他夜深歸來一言不發，就把牌桌推翻，掃了大家的雅興。他「平時沒有一點點英雄的樣子給人，然而危機來了，他卻比什麼人也勇敢，莎士比亞曾經說：『因為勇敢要看機會』」。[註10]他就是這麼一個崇高的靈魂。

民國九十六年十一月十二日增訂

原載秦賢次編輯《陸蠡散文選》，

民國六十八年九月，臺北洪範書店初版。

【注釋】

註1：引自孟子微〈永遠『失蹤』的散文家〉一文，原載一九六○年四月，香港某報。

註2：引自毛一波〈記吳文林〉一文，原載臺北《四川文獻》月刊第五十九期，民國五十六年七月一日出版。

註3：同註1。

註4：「立達學會」係民國十四年三月在上海成立，是個教育團體，以「修養人格，研究學術、發展教育、改造社會」為其宗旨，至十五年八月止，共有會員五十一人，曾在江灣創辦「立達學園」，並出版《立達季刊》及《一般》月刊。

註5：引自靳以〈懷陸蠡〉一文，寫於民國三十六年十一月十日。

註6：《前夕》是四十五萬字的長篇小說，原係分冊出版，全書寫成時，共達四冊，三十一年九月由重慶文生社初版，三十六年四月在上海重版。

註7：引自劉西渭〈陸蠡的散文〉一文，原載《咀華二集》，三十六年四月，文生社增訂版。

註8：見朱洗著《愛情的生活》（《現代生物學叢書》第一集）一書書後——〈紀念陸聖泉先生〉，民國三十五年七月，文化生活出版社初版。

註9：見李立明〈散文名家陸聖泉〉一文，一九七三年五月一日，香港《文壇》月刊第三三八期。

註10：同註7。

才氣縱橫學貫中西的錢鍾書

在二〇及三〇年代的我國散文作家中，純粹走西洋散文（essay）路子，風格最為神似，也最著名的，莫過於梁遇春與錢鍾書了。梁遇春係十七年自北大西洋文學系畢業；錢鍾書係二十二年自清華外文系畢業，兩人均中英文俱優，當年都有「才子」之譽。巧的是，兩人各自在南方故鄉受完中等教育後，均再負笈故都，考上北方最好的兩所大學，先後成為已故前外交部長葉公超先生執教北大與清華時的得意高足。可惜的是，在散文的寫作上，兩人都惜墨如金，梁遇春在短短二十七年生涯中，留下《春醪集》與《淚與笑》兩本散文集；而年近八十的錢鍾書迄今只出過《寫在人生邊上》這本散文集，薄薄的一冊，雖僅六十五頁而已，卻一直膾炙人口。

錢鍾書，字默存，號槐聚，筆名中書君，宣統二年十月二十日（一九一〇年十一月二十一日）生於原籍江蘇無錫。錢氏在無錫為大族，書香傳家，歷代人才輩出，父親錢

基博（子泉）為一代國學大師，抗戰前曾任上海光華大學中文系系主任兼文學院長；抗戰中任職藍田國立師範學院國文系系主任，曾兩度與鍾書同事，著有《現代中國文學史》、《版本通義》、《經學通志》、《駢文通義》等書。此外，史學大師錢穆（賓四）先生亦為其族人。

鍾書幼年在伯父、父親的薰陶下，打下精湛的中文根砥。民國九年，年十一，入無錫縣立東林第二高等小學，前後肄業三年。同學中後來成為知交的，有已故前政大法學院院長鄒文海（景蘇，一九〇八～一九七〇年）先生。

據楊絳女士在《記錢鍾書與『圍城』》一書[註1]所述，鍾書幼時喜讀小說，除家藏的《西遊》、《水滸》、《三國》等正經小說外，常到書攤租讀《說唐》、《濟公傳》、《七俠五義》等不登大雅之堂的演義武俠神怪小說。而鄒文海先生也曾經在此間《傳記文學》雜誌創刊號（五十一年六月）上寫有〈憶錢鍾書〉一文，文情並茂，至今仍為研究錢鍾書者不可或缺的好文章。他說，讀高小時，鍾書就喜歡作些小考證。例如巨無霸腰大十圍，所謂一圍並非手臂的一抱，而係手指的一合云。

高小畢業後，鍾書初高中各三年唸的都是美國聖公會創辦的所謂教會學校，為他打下極其優異的英文基礎。初中係上蘇州桃塢中學，高中因桃塢停辦，改上無錫輔仁中學。

十八年秋，錢鍾書考上他父親任教過的北平國立清華大學，在外文系肄業。入學時，鍾書已名滿全校，原因是入學考試時他的數學只考得十五分，而英文特優。當時清華校長羅家倫先生為愛才故，破格

力爭准其入學。這與翌年臧克家考入國立青島大學外文系（入學就讀
後，改入中文系）的情形正相仿彿，且先後輝映，傳為美談。當時，臧
克家國文得九十八分全校第一，然而數學零分，也終由校方破例錄取。

　　錢鍾書初入清華外文系時，同班約三十人，男女參半。在學四年
中，文學院長初為楊振聲（今甫），後為馮友蘭，系主任一直係王文
顯（力山），教授則有吳宓（雨僧）、錢稻孫、葉公超、溫源寧、陳
福田、梁宗岱、美籍畢蓮女士（Miss A. M. Bille）、德籍普來僧（Von
Plessen）、英籍瑞恰慈（I. A. Richards），以及吳可讀（A. L. Pellard-
Urguhart）、溫德（R. Winter）、翟孟生（P. D. Jameson）等註2。系主任王
文顯在清華以教授「莎士比亞」名重一時，同時也開有「戲劇概要」
課程；紅學專家吳宓則講授「古希臘羅馬文學」、「英國浪漫詩人」
等課；北大客座教授溫源寧講授「十九世紀文學」、「文學批評」等
課；葉公超講授「大一英文」時，係以《傲慢與偏見》一書為讀本。
此外，瑞恰慈係英國劍橋大學英國文學系主任，「新批評派」代表人
之一，也是「基本英語」的研究學者，十八至二十一年度在清華講授
「大一英文」、「文學批評」、「比較文學」等課程。

　　錢鍾書肄業清華時，正是清華黃金時代，名師輩出高足亦多。錢
鍾書雖是全校公認的「才子」，但其用功之勤亦是超人一等。他的同
班同學許振德（大千）在〈水木清華四十年〉註3一文中回憶道：「鍾
書兄，蘇之無錫人，大一上課無久，即馳譽全校，中英文俱佳，且
博覽群書，學號為八四四號，余在校四年期間，圖書館借書之多（借
書卡片須簽本人學號），恐無能與錢兄相比者，課外用功之勤，恐亦
乏其匹。」

饒饒威在〈清華的回憶〉[註4]一文中亦道：「同學中我們受錢鍾書的影響最大。他的中英文造詣很深，又精於哲學及心理學，終日博覽中西新舊書籍。最怪的是上課時從不記筆記，只帶一本和課程無關的閒書，一面聽講一面看自己的書，但是考試時總是第一。他自己喜歡讀書，也鼓勵別人讀書。他還有一個怪癖，看書時喜歡用又黑又粗的鉛筆劃下佳句，也在書旁加上他的評語，清華藏書中的劃線和評語大都是此君手筆。」

又據許振德在同一文中的回憶，班上三十人中，得蒙葉、溫二位師長賞識者，惟錢鍾書一人而已。又吳雨僧在〈賦贈錢君鍾書即題中書君詩初刊〉一詩中，也曾讚揚道：

才情學識誰兼具，新舊中西子竟通。
大器能成由早慧，人謀有補賴天工。

錢鍾書除了受到本系師長的賞識期許外，就是別系的教授對他亦讚不絕口。如當時文學院長兼哲學系系主任馮友蘭談到錢鍾書時，就曾說過，錢鍾書「不但英文好，中文也好，就連哲學也有特殊的見地，真是天才。」

錢鍾書既用功如此，則學業成績之佳，自不待言。他十八及二十學年成績為甲上，十九學年則得到「超等」的破紀錄成績[註5]。最後一學年無紀錄係因臨畢業時，華北局勢動盪不安，學生紛紛提前離校，俱未參與畢業考試。

據後來《清華一覽》及二十六年《清華同學錄》記載，二十二年夏，外文系學生畢業者共有二十七人，其中，在學時或畢業未久即已成名者頗不乏人。其較著者，除錢鍾書外，另有萬家寶（筆名曹禺）之於戲劇；常鳳瑑（字蓀波，筆名常風）之於文學批評；石璞（字蘊如，女）及方剛（字稚周）之於西洋文學作品的翻譯等。

在校四年中，錢鍾書除在校刊《清華週刊》投稿外，業師葉公超主編的《新月》月刊自二十一年十月四卷三期起，迄二十二年六月四卷七期終刊為止，共發表有關中外文著作之書評五篇，皆署名「中書君」，可說是「新月」後起的書評家。其書評以文學為主，旁及哲學、心理學，於此可見其學殖之厚，以及興趣之廣。

錢鍾書的夫人楊季康女士也是他在清華就讀時認識的。楊季康小鍾書一歲，筆名「楊絳」，與鍾書同鄉但卻在北京出生。原肄業蘇州東吳大學政治系，臨畢業的那年適逢「一二八事變」，學校暫時無法上課，乃借讀清華，因而認識鍾書。 楊絳在二十一年夏自東吳畢業，翌年與曹禺同考取清華外國語文研究所，肄業二年。二十四年夏與鍾書結婚後，雙雙去國赴英。楊絳後來成為有名的喜劇作家，著有《稱心如意》、《弄假成真》、《風絮》三個劇本。除「楊絳」外，季康另有一個筆名「路路」，則甚為奇特且少為人知。

錢鍾書自清華畢業後，即移居上海。同年秋，任私立光華大學外文系講師。時鍾書令尊基博先生先已擔任該校中文系系主任，半年後又兼文學院長，父子同執教一校，一時傳為美談。

在滬時，除任教光華外，錢鍾書也兼任英文《中國評論週報》（The China Critic Weekly）編輯。《中國評論週報》係民國十七年五月

由國人在上海創辦的英文刊物，由桂中樞主編，陳石孚編輯，二者均為二〇年代前後畢業的清華學生，而林語堂即係該刊最重要的撰述人兼「小評論家」（The Little Crittic）專欄作家。

在滬二年，錢鍾書曾寫有英文作品二。一為〈蘇東坡的文學作品及其散文詩〉（Su Tung-Po's Literary Background and His Prose-Poetry），發表於北平由葉公超主編的《學文月刊》一卷二期（二十三年六月）上；一為〈中國古劇中的悲劇〉（Tragedy in Old Chinese Drama），發表於上海由溫源寧主編的英文《天下》月刊（The Tien Hsia Monthly）創刊號（二十四年八月）上。

此外，也有許多中文作品分別登載於南北報刊中。其中，如論文〈論不隔〉曾發表於《學文月刊》一卷三期（二十三年七月）；〈論復古〉曾發表於天津《大公報‧文藝副刊》第一一一期（二十三年十月十七日）上；〈中國文學小史序論〉以及六十九首與師友交遊唱和等舊詩，曾發表於南京由中大教授柳詒徵（翼謀）主編的《國風》半月刊上；書評〈不夠知己〉（溫源寧英文著作）發表於上海由林語堂主編的《人間世》半月刊第二十九期（二十四年六月五日）上。

二十四年夏，錢鍾書考取教育部第三屆中英庚款公費生後，即與楊絳結婚。秋，以公費生資格偕新婚夫人赴英留學。錢鍾書入牛津大學英文系深造，二年後以論文《十七、八世紀英國文學裏的中國》得牛津大學副博士（B. Litt）學位。

在牛津兩年，除曾擔任《牛津大學東方哲學宗教叢書》特約編輯註6外，錢鍾書曾寫有散文〈談交友〉，發表於北平由朱光潛主編的

《文學雜誌》創刊號（二十六年五月）上；論文〈中國固有的文學批評的一個特點〉，發表於同刊一卷四期終刊號（二十六年八月）上；舊詩二十一首發表於南京《國風》月刊上。

二十六年秋，錢鍾書夫婦由英赴法，鍾書再入巴黎大學研究院研究法國文學一年。二十七年九、十月間，夫婦倆由法搭船返抵國門，楊絳在上海長住；鍾書則直接在香港上岸，轉往昆明，擔任國立西南聯合大學外文系教授，前後一年。戰時之西南聯大係由北京、清華、南開三校合併設立，當時文學院長由馮友蘭擔任，外文系主任由葉公超擔任，兩人皆為鍾書肄業清華時最賞識其才華的師長。這也說明了，為何錢鍾書肯千里迢迢遠赴昆明任教的原因。

二十八年春夏，錢鍾書曾在昆明由聯大教授創辦的《今日評論》週刊上發表過四篇《冷屋隨筆》，即〈論文人〉、〈釋文盲〉、〈一個偏見〉、〈說笑〉四文，後均收於《寫在人生邊上》一書中。「冷屋」係鍾書在聯大執教時取的書齋名。

二十八年秋，回滬小住後，為了伺候老病的父親，即於是年十一月由水陸赴湖南寶慶，擔任藍田國立師範學院英語系系主任。時藍田師院院長為廖世承（茂如），鍾書令尊基博也在藍田，擔任國文系主任。父子兩人同任一校之英文、國文兩系主任，我想民國以來之教育史上還不曾有過。

在藍田兩年，錢鍾書開始動筆撰寫《談藝錄》，迄三十一年中元節時才將初稿完成。其間，他曾於二十九年二月在《藍田國立師範學院季刊》第六期上發表傳誦一時的論文〈中國詩與中國畫〉。三十年暑假，錢鍾書經陸路由廣西到海防，再搭海輪回滬小住。未久，不期

《中國詩與中國畫》

《寫在人生邊上》

太平洋事變發生，上海「孤島」旋即淪陷日軍手中，鍾書寸步難行，只得鬱鬱蟄居滬上，在默默中寫作。

同年十二月，處女作《寫在人生邊上》一書由上海開明書店出版，收有散文十篇。

三十一年起，錢鍾書開始在上海震旦女子文理學院授課，以迄抗戰勝利止。三十三年年初起，動筆寫作長篇小說《圍城》，經過整整兩年才終於完稿。

抗戰勝利後，錢鍾書又開始積極發表作品。在三十四年十月創刊，由周煦良、傅雷合編的《新語》半月刊上刊登短篇小說〈靈感〉，並連載書評〈小說識小〉；在三十五年一月創刊，由李健吾、鄭振鐸合編的《文藝復興》月刊上刊登短篇小說〈貓〉，並連載長篇小說《圍城》。此外，也在大公報上連載〈談中國詩〉。此時，鍾書之作品已甚引人注意，並廣受好評。

三十五年五月，國立中央圖書館已由重慶遷回南京並開始辦公，由蔣復璁擔任館長，錢鍾書受聘為該館

「編纂」，並兼英文館刊《書林季刊》
（Philobiblon）主編。六月，《書林季
刊》創刊，迄三十八年九月停刊，前後
出版七期，每期都載有鍾書執筆的英文
書評或論文。同月，短篇小說集《人獸
鬼》一書由上海開明書店出版，收有短
篇小說四篇。

　　秋起，錢鍾書擔任上海國立暨南
大學外文系教授，迄三十八年五月上海
失守止。其間，香港大學曾約他擔任文
學院長；牛津大學也約他前往擔任「講
師」（Reader），兩次都以暨南課務為
重，加上顧慮女兒身體之健康，結果均
未成行。

　　三十六年五月，《圍城》一書由上
海晨光出版公司出版，係鍾書三本文學
創作中成就最大，影響也最大的一本。

　　三十七年六月，文論及詩文評集
《談藝錄》由上海開明書店出版，為鍾
書建立了傑出的文藝批評家的地位。

　　三十八年（一九四九年）夏，上海
失守後，錢鍾書全家由上海遷居北平。
大陸易手後，錢鍾書回到母校清華大學

《PHILOBIBLON》由國
立中央圖書館出版

《人獸鬼》

《圍城》

擔任外文系教授，並負責外文系研究所事宜，以迄一九五二年止。其間，鍾書曾加入「中國作家協會」為會員。

一九五三年年初，中國大陸已全面調整大專院校，錢鍾書由清華調任新成立之「北京大學文學研究所」中國古典文學組研究員。「文學研究所」後來由北大改隸「中國科學院哲學社會科學部」，亦即目前之「中國社會科學院」。在長期的研究中，錢鍾書「嘗試用比較文學、心理學、單位觀念史學、風格學，哲理意義學等學科的方法來理解文學作品。」註7

一九五八年九月，《宋詩選註》一書由北京人民文學出版社出版。是書系選註宋代八十一位詩人之作品共二九七首，出版後頗獲好評。

一九六一年三月，夏志清英文巨著《中國現代小說史》一書由耶魯大學出版。書中除將錢鍾書列為專章討論外，並肯定他是不世之才，中西學問之淵博無人可及。夏書出版後，風行一時，而錢鍾書在文學上的造詣與地位才再度引起中外學人的重視與推崇。

一九六六年「文革」發生後，錢鍾書夫婦也岌岌可危。一九六九年十一月，錢鍾書與俞平伯等終於被下放河南「五七幹校」，接受勞動及思想改造。一九七〇年六月，兒子得一被紅衛兵逼迫後自殺。同年七月，楊絳也跟著下放「五七幹校」。一九七二年三月，夫婦倆因年老體弱，特准回到北京。在「五七幹校」的兩年多不幸遭遇，後來由楊絳女士寫入文情並茂的《幹校六記》一書中，一九八一年七月由北京三聯書店出版，此間報紙亦曾轉載後再出單行本。

一九七九年四月，錢鍾書曾以「中國社會科學院文學研究所」研究員身份，與中共「社會科學代表團」一同赴美訪問四週，沿途發表演講，海內外報刊均以大量篇幅報導。

一九七九年八至十月，生平巨著《管錐篇》一書由北京中華書局出齊，全書共四冊，合計一五五八頁。書出後，立即轟動海內外，是錢鍾書所有著作中最廣受評論的一部書。

同年九月，《舊文四篇》一書由上海古籍出版社出版，收〈中國詩與中國畫〉、〈讀《拉奧孔》〉、〈通感〉、〈林紓的翻譯〉四文。其中，後三文均寫於大陸易手後。

最近八年來，除了新出兩本評論集，即一九八四年三月由香港廣角鏡出版社出版的《也是集》，以及一九八五年十二月由上海古籍出版社出版的《七綴集》外，錢鍾書又曾重印《圍城》一書，增訂《管錐篇》一小冊，補訂《談藝錄》一書，顯示出作者本人對於以上三書之珍愛。

目前，錢鍾書擔任中國社會科學院副院長，正進行整理待出版的著作還有《管錐篇續集》、《槐聚詩存》（五七言舊詩），以及英文評

論集《感覺‧觀念‧思想》（評論但丁、蒙田、莎士比亞等十位西洋作家及其作品）等。

七十七年一月二十六日完稿

原載《當代世界小說家讀本──錢鍾書》，

民國七十七年二月，臺北光復書局初版。

【注釋】

註1：《記錢鍾書與〈圍城〉》，楊絳著，一九八七年一月三聯書店香港分店出版。

註2：參見一、《清華大學校史稿》頁一六三～一六六，清華大學校史編寫組編著，一九八一年二月，北京中華書局出版。二、《一九三四清華年刊》中，教職員名錄及肖像。

註3：文載《清華校友通訊》季刊新四十四期校慶專刊頁二五～三三，民國六十二年四月二十九日，臺北清華校友通訊雜誌社出版。

註4：文載《國立清華大學第五級畢業三十五週年紀念刊》頁二五～三三，民國五十七年，臺北出版。

註5：見臺北木柵教育部學籍檔案。

註6：見二十八年度第二學期《國立師範學院教職員同學姓名錄》中頁二〈經歷〉欄，民國二十九年五月該校編印。

註7：見《中國文學家辭典──現代第二分冊》頁八〇九～八一〇頁，錢鍾書條，一九八二年三月成都四川人民出版社初版

附錄：清華才子錢鍾書

在二〇與三〇年代的散文作家中，純粹走西洋散文（essay）路子，風格最為神似，也最顯著的，莫過於梁遇春與錢鍾書了。兩人中英文俱優，當年都有「才子」之譽。更巧的是，他們同是前外交部長現任總統府資政葉公超先生執教北大與清華時的得意高足，也是葉先生教書生涯中最為賞識的兩人。可惜的是，兩人都惜墨如金，梁遇春在短短的一生中，僅出過二本散文集，一為《春醪集》，一為《淚與笑》；錢鍾書惟一的散文集《寫在人生邊上》，更是薄薄的一本，只有六十五頁而已。身陷大陸的他，至今不曾出版過文藝作品，也未曾

發表過歌功頌德的文章，僅默默做他的研究工作，其寂寞可知，其骨氣可知。無怪當六十四年錢鍾書有海外東坡之謠時，夏志清先生急急在報上大做其追念文章了。

錢鍾書，字默存，筆名中書君，民前二年（公元一九一○年）生於故鄉江蘇無錫。錢氏在無錫為大族，且為書香世家，歷代人才輩出，父親錢基博（子泉）為國學大家，抗戰前曾任上海光華大學文學院院長，著有《現代中國文學史》等書；史學大師錢穆（賓四）先生知亦為其族人。

錢鍾書幼年在父親的薰陶下，即打下精湛的國學根砥。九年秋，考入無錫縣立第二高小，同學中後來成為知交的，有已故前政大法學院長鄒文海（景蘇）先生。鄒先生在《傳記文學》雜誌創刊時（民國五十一年六月），曾寫有〈憶錢鍾書〉一文，文情並茂，至今仍為研究錢鍾書者不可或缺的好文章。肄業高小時，錢鍾書即喜歡做些小考證，例如巨無霸腰大十圍，所謂一圍並非手臂的一抱，而係手指的一合云。三年高小畢業後，錢鍾書於十二年秋考入當地輔仁中學。當時正是新舊制學制交替之初。舊制係中學四年，大學預科二年，本科四年；新制係初中三年，高中三年，大學四年。輔仁中學是時已採用新制，亦即三三制，因此錢鍾書在校肄業六年。也就是在輔仁中學，錢鍾書打下了極其優異的英文基礎。

十八年秋，錢鍾書考入清華大學外文系時，文名已滿全校。原因是入學考試時，他的算學零分，按說不得錄取。而當時校長羅家倫（志希）先生因他英文特優，所以破格力爭准其入學。這與民國十一年秋盧前（冀野）考入東南大學（中央大學的前身）時的情形正相彷

佛，且前後輝映，傳為美談。當時盧前也是算學零分，而國文滿分，終由校方破例取為特別生，於學年考試後，再改為正式的本科生。

錢鍾書初入清華外文系時，同班約三十人，男女參半。文學院長為楊振聲（今甫），系主任為王文顯（力山），教授有葉公超先生、溫源寧先生、吳雨僧先生、德人普來僧（Von Plessen）、英人瑞恰慈（I.A.Richards）、美人畢蓮女士（Miss Bille）、及翟孟生（R.D.Jameson）等。葉公超教大一英文、以《驕傲與偏見》一書為讀本；溫源寧授十九世紀文學及批評兩科；吳雨僧授古典文學及浪漫詩人兩科；王文顯授莎士比亞戲劇。此外瑞恰慈是英國劍橋教授，世界聞名的文學批評和基本英語的學者，教大一英文及大四文學批評。

錢鍾書雖是全校公認的「才子」，但他的用功之勤亦是超人一等。他的同班同學許振德在〈水木清華四十年〉一文回憶道：「鍾書兄，蘇之無錫人，大一上課無久，即馳譽全校，中英文俱佳，且博覽群書，學號為八四四號，余在校四年期間，圖書館借書之多，恐無能與錢兄相比者，課外用功之勤，恐亦乏其匹。」另一同學饒餘威在〈清華的回憶〉一文中亦道：「同學中，我們受錢鍾書的影響最大。他的中英文造詣很深，又精於哲學及心理學，終日博覽中西新舊書籍，最怪的是上課時從不記筆記，只帶一本和課程無關的閒書，一面聽講，一面看自己的書，但是考試時總是第一。他自己喜歡讀書，也鼓勵別人讀書。他還有一個怪癖，看書時喜歡用又黑又粗的鉛筆劃下佳句，也在書旁加上他的評語，清華藏書中的劃線和評語大都是此君手筆。」

據許振德同一文中的回憶，班上三十人中，得蒙葉、溫二位師長賞識者，惟錢鍾書一人而已。又吳雨僧在〈賦贈錢君鍾書即題中書君詩初刊〉一詩中；也曾讚揚道：

才情學識誰兼具，新舊中西子竟通。
大器能成由早慧，人謀有補賴天工。

錢鍾書除了受到本系師長的賞識期許外，就是別系的教授對他亦讚不絕口。如哲學系教授馮友蘭就曾説過，錢鍾書不但英文好，中文也好，就連哲學也有特殊的見地。

錢鍾書既用功如此，則學業成績之佳，自不待言。他曾經兩個學年得到甲上，一個學年得到超等的破紀錄成績。最後一學年無紀錄係因臨畢業時，華北局勢動盪不安，學生紛紛離校，俱未參與畢業考試。

據後來《清華一覽》及同學錄的記載，本屆外文系畢業者共有二十七人，其中在學時或畢業未久即已成名者頗不乏人。其較著者如萬家寶（筆名曹禺）之於戲劇；常鳳瑑（字蓀波，筆名常風）之於書評；石璞（女）之於翻譯等。

在校四年中，錢鍾書除在《清華週刊》投稿外，葉公超主編的《新月》與《學文》兩刊物上，亦時常登載他的作品，大多署名「中書君」。《新月》上登載者率皆書評，以文學為主，旁及哲學、心理學，由此可見其學殖之厚，及興趣之廣。在《新月》四卷三期上，有署名「中華君」的一篇書評〈一種哲學的綱要〉，細閱其文，推測可

能也是錢君大作，惟從無人提起，這類文章他自己也不曾搜集成書，因此無法證實。

錢鍾書後來的夫人楊季康女士，原先肄業東吳大學，因二十一年上海一二八事變，學校暫時無法開課，乃借讀清華大學，始識錢鍾書。楊季康女士與鍾書同鄉，並小鍾書一歲，後來成為有名的女劇作家，以筆名「楊絳」行，另有筆名「路路」則甚為奇特且少人知。楊絳在東吳畢業後，於廿二年秋考入清華外國語文研究所，至廿四年夏，錢鍾書考取第三屆中英庚款公費生後，即舉行婚禮，婚後雙雙飛英。

錢鍾書畢業於清華後，即移居滬上，任私立光華大學外文系講師，時鍾書令尊基博任中文系系主任，半年後又兼文學院長，父子同執教一校，一時傳為美談。

在滬時，除任教光華外，錢鍾書也兼任英文《中國評論週報》編輯，並開始用英文寫作，較著名者有〈蘇東坡的文學背景及其散文詩〉（Su Tung-Po's Literary Background and His Prose-Poetry）一文，發表於葉公超主編的《學文》月刊一卷二期上；又〈中國古劇中的悲劇〉（Tragedy in Old Chinese Drama）一文，發表於溫源寧主編的《天下》月刊創刊號上。

此外，由中大教授柳詒徵（翼謀）主編的《國風》半月刊上，陸續登載有錢氏的論文與舊詩，舊詩將近百首，大多數為與師友交遊唱和之作。

二十四年夏婚後，錢鍾書以庚款公費生資格，與妻楊絳到英國留學。錢入牛津大學研究英國文學，以〈十七世紀英國文學中的中國〉及〈十八世紀英國文學中的中國〉兩文，獲得文學士學位。其後，他

又由英赴法，轉入巴黎大學深造。在留學英法兩年聞，錢鍾書仍有作品寄回國內，發表於朱光潛（孟實）主編的《文學雜誌》及《國風》半月刊上。

由法回國後不久，中日戰爭爆發，錢鍾書避難到後方雲南，並在西南聯大任教，同時擔任牛津大學東方哲學宗教叢書特約編輯。在雲南時間前後不超過一年，想來也不怎麼得意。因此二十八年夏天回滬小住後，即於是年十一月由水路赴湖南寶慶，任藍田「國立師範學院」英語系系主任。時藍田師院院長為廖世承（茂如），錢父基博也在藍田，任國文系系主任。父子兩人同任一校之英、國文系主任，我想民國教育史至今還不曾有過。

大約在珍珠港事變前，錢鍾書又返抵上海，在震旦女子文理學院授課。

抗戰勝利後，錢鍾書在《新語》半月刊上連載〈小說識小〉，在《文藝復興》月刊上連載長篇小說《圍城》，並在大公報上連載〈談中國詩〉，甚為引人注意，並極受好評。三十五年六月起，並擔任新創刊的英文《書林季刊》主編，該刊社長由蔣復璁（慰堂）先生擔任，出版者為南京國立中央圖書館，前後共出版四期，至三十六年三月停刊。三十五年秋起，錢鍾書開始到暨南大學教書。到大陸易手前夕，據鄒文海〈憶錢鍾書〉一文說，香港大學曾約他任文學院院長。其後牛津大學又約他去任Reader（講師），兩次都以暨南課務為重，加上其他原因都未成行。

大陸淪陷後，錢鍾書多年以來一直在「科學院文學研究所」，晚年又兼在北大教課。其間，曾於四十七年出版一部《宋詩選註》。四

年後，在他主持編寫策劃下的《中國文學史》中冊《唐宋文學》接著
出版，這是三十年來惟一的成績，前書在出版後，就遭到批判，認為
錢氏的觀點是資產階級的，也就是唯心論的，只談藝術，不談政治。

　　錢鍾書在文學上的價值與地位，因夏志清先生在《中國現代小
說史》上「肯定了他是『不世之才』。中西學問之淵博無人可及。」
再度引起中外學人的注意。他在淪陷前的著作僅有四種，即散文集
《寫在人生邊上》，三十年十二月由開明書店出版；短篇小說集《人
獸鬼》，三十五年六月亦由開明出版；長篇小說《圍城》，三十六年
七月由晨光出版社出版；文藝評論集《談藝錄》，三十七年六月由開
明出版。其中以《談藝錄》及《圍城》評價最高，散文集則以篇幅太
薄，較未引人注意。《談藝錄》的價值，請讀者看夏志清先生〈追念
錢鍾書先生〉一文（收於純文學出版社《人的文學》一書）。《圍城》的
特色，我願引該書出版時的廣告來結束此文，它說：「人物和對話的
生動，心理描寫的細膩，人情世態觀察的深刻，由作者那枝特具清新
辛辣的文筆，寫得飽滿而妥適。零星片段充滿了機智和幽默，而整篇
小說的氣氛卻是悲涼而又憤鬱。」

　　　　　　　原載民國六十八年六月五日臺北《聯合報、聯合副刊》

附註：

　　本文係臺灣報紙副刊史上，第一篇比較詳細論說錢鍾書一生的文
章。刊出時，兩岸還未開放交流，由主編瘂弦代題有點不太敬重味道
的〈錢鍾書這個人〉，目的係保護作用。原刊最後有五行長的一段結
語，係編者代加的，也是同一目的，今已刪去。

多才多藝的文學語言大師

——老舍

老舍，原名舒慶春，字舍予，後以筆名老舍行，光緒二十五年二月初二（公元一八九九年三月十三日）生於北京，為滿族正紅旗人。

老舍生後未滿二歲，做為軍人的父親即死於八國聯軍之役中。此後，一家數口均靠不識字的母親為人縫洗做點雜工，以賺取微薄收入，勉強支撐生活。由此可知幼年的老舍，實係過著抑鬱寡歡的生活。

後來老舍曾在〈我怎樣寫《老張的哲學》〉一文回憶道：「我自幼便是個窮人，在性格上又深受我母親的影響——她是個寧挨餓也不肯求人的，同時對別人又是很義氣的女人。窮，使我好罵世；剛強，使我容易以個人的感情與主張去判斷別人；義氣使我對別人有點同情心。」

老舍七歲時才啟蒙上私塾，三年後轉受新式教育，在北京西直門公立第二等小學堂就讀，與後來成為名語言學家的羅常培（莘

田）同班兩年。之後，又轉學南草庵第十四小學堂，以迄畢業。

民國二年初，自小學畢業，旋即考入北京市立第三中學，僅肄業半年，因繳不起學費，乃轉學考入免費供應膳宿，以培養小學師資為宗旨之「北京師範學校」，時年十五歲。老舍的好友白滌洲及老向即係彼時北京師範的學弟。

七年六月，老舍經預科一年，本科四年，在同班四十二人中以第五名畢業。翌月，被派任為京師公立第十七高等小學校兼國民學校校長，前後二年又二個月。從此開始了他由小學而中學、大學的將近二十年的教學生涯。

九年九月，老舍以辦學認真被提升為北京郊外北區勸學員二年。

十一年上半年，老舍在北京缸瓦市中華基督教會接受洗禮成為基督徒，因而認識同教會，當時在燕京大學求學的臺灣作家許地山。同年九月，辭去勸學員職務，改任當時以開明著稱的天津南開學校中學部國文教員半學年，並在年底，於校刊《南開季刊》第二、三期合

舒舍子（老舍）先生

刊中發表了他生平中的第一篇創作——短篇小說〈小鈴兒〉。在這期間，老舍也堅決地退掉由母親包辦的婚約。

十二年二月，由天津回到北京，在北大教授顧孟餘主持的「北京教育會」擔任文書工作，同時在市立第一中學兼任國文教員，並抽暇去燕京大學旁聽英文課程。

由於燕京大學英籍教授艾溫士的推薦，老舍於十三年八月初從上海登輪啟程前往英國，擔任倫敦大學東方學院華語講師，前後五年。

初抵倫敦時，老舍先與許地山在倫敦郊區同住半年。之後，又遷往倫敦西區與英國學人，《金瓶梅》的英譯者艾支頓（Clement Egerton）同住三年。

任教之餘，為了提高英文水準，老舍曾貪婪地閱讀大量英文作品。由英國的狄更斯、威爾斯、康拉德、梅瑞狄斯，擴及法國的福樓拜與莫泊桑等近代傑出的小說家。

英文作品的閱讀，進一步激發了老舍的寫作潛能，他開始構思創作小說。老舍在十多年後於〈魯迅先生逝世二週年紀念〉一文中回憶道：「我是讀了些英國的文藝之後，才決定也來試試自己的筆，迭更司是我在那時候最愛讀的，下至於烏德豪司與哲扣布也都使我欣喜。」

經一年功夫，老舍於十四年底完成第一部長篇小說《老張的哲學》。由於摯友許地山的鼓勵與推介，翌年《老張的哲學》用「老舍」筆名在上海《小說月報》連載後，立刻聲名鵲起。也是由於許地山的介紹，老舍於十五年順利加入「文學研究會」為會員。「文學研究會」係五四以後第一個成立的新文學團體，在當時已是會員遍佈國

內外，影響力也最大的全國性文學社團，其機關報即為《小說月報》。

接著，老舍又寫下了《趙子曰》（一九二六年）與《二馬》（一九二九年）二部長篇小說，也先後在《小說月報》上連載。三部長篇小說的問世，使老舍一躍而為名聞全國的大作家，他那獨樹一格的幽默筆調，給讀者留下了深刻的印象。這三部長篇小說後來均列為《文學研究會叢書》，由上海商務印書館印行。

十八年六月，老舍結束將近五年的教書與寫作生涯，離開英國。經由馬賽登輪回國前，老舍曾在法、德、意等國盡情遊歷三個月；船底新加坡後，為籌措旅費，乃在當地著名的華僑中學任教半年，並開始寫作具有濃厚南洋色彩的長篇童話小說《小坡的生日》。

十九年三月，歸抵上海，先住《小說月報》主編鄭振鐸家。寫完《小坡的生日》後，再回故鄉北平，借住老同學白滌洲家。

《二馬》

十九年秋，老舍應聘到濟南齊魯大學任文學院教授和國學研究所文學主任，同時又兼編校刊《齊大月刊》。翌年暑假，由羅常培、白滌洲介紹，在北平與北師大國文系畢業生，後來成為國畫家的胡絜青結婚。二十三年秋，改任青島大學中文系教授，迄二十五年夏為止。其後，老舍過了一年職業作家生活。老舍在這兩所大學先後開過「文學概論」、「歐洲文藝思潮」、「外國文學史」、「高級作文」等課程。

《牛天賜傳》

在齊大四年中，老舍除了發表《小坡的生日》」外，又先後完成了《大明湖》（一九三一年）、《貓城記》（一九三二年）、《離婚》（一九三二年）、《牛天賜傳》（一九三四年）等四部長篇小說，編印十餘萬字的《文學概論講義》，還出版了一本《老舍幽默詩文集》和一本短篇小說集——《趕集》。其中，《大明湖》係以濟南「五三慘案」為背景，在發表前即不幸燬於「一二八」戰火，未曾問世過，後來也不曾再重新寫過。

《老舍幽默詩文集》

《駱駝祥子》

《櫻海集》

在青島三年中，老舍發表了《選民》（出單行本時，改名《文博士》）及《駱駝祥子》兩部長篇小說；出版了《櫻海集》、《蛤藻集》兩本短篇小說集，以及一本創作經驗譚《老牛破車》。其中，《駱駝祥子》寫於二十五年，係三〇年代中國最優秀的作品之一，也是老舍一生中的代表作，奠定老舍在中國現代文學史上的重要地位。《駱駝祥子》也是最受外人喜愛的中國現代作品之一，曾先後譯有英、法、德、意、日、塞爾維亞──克羅地亞、匈、捷、俄、丹麥、西班牙、瑞典等二十種外文出版。小說敘述北平一名年輕好強、充滿生命活力的人力車伕──祥子，希望以個人的奮鬥改變自己的卑賤地位，到頭來終歸失敗幻滅的悲劇故事。

二十六年七七事變爆發，抗日的砲火打斷了老舍正在創作中的《病夫》等兩部長篇小說之寫作。為了生活，老舍於是年十月中，重回濟南齊魯大學任教，僅僅一個月，在濟南行將淪陷的前

夕，又忍痛離妻別子，於十五日深夜搭乘最後一班火車，隻身奔赴當時抗戰的中心──武漢。

二十七年三月二十七日，代表文藝界大團結的「中華全國文藝界抗敵協會」（簡稱「文協」）在漢口成立，老舍被選為常務理事兼總務部主任，總理「文協」日常事務，直至抗戰勝利為止。無黨無派的老舍可說是「文協」的主席兼秘書長，也是「文協」實際上的主要負責人。

抗戰初期，老舍放棄了小說的寫作，成為通俗文藝最熱心的鼓吹者和實踐者。他先後在濟南、武漢、重慶等地，與演唱曲藝的藝人討論編寫抗戰鼓詞的問題，他自己也用各種舊形式寫了許多宣揚抗戰的通俗作品，包括京劇、鼓詞、相聲、數來寶、墜子等供藝人演出。這些作品，一部份曾收入二十七年在重慶出版的《三四一》一書中。

二十八年起，老舍開始嘗試寫作話劇，並重新創作小說。他先後發表了《殘霧》（一九三九年）、《國家至上》（與宋之的合著，一九四〇年）、《張自忠》（一九四一年）、《面子問題》（一九四一年）、《大地龍蛇》（一九四一年）、《歸去來兮》（一九四二年）、《誰先到了重慶》（一九四二年）、《王老虎》（又名《虎嘯》，與蕭亦五、趙清閣合著，一九四三年）、《金聲玉振》（後名《桃李春風》，與趙清閣合著，一九四三）等九部話劇；出版了《火車集》（一九三九年）、《貧血集》（一九四四年）等兩部短篇小說集，以及長篇小說一部──《火葬》，長詩一部──《劍北篇》。此外，還在報上連載長篇小說《四世同堂》第一部《惶惑》與第二部《偷生》。

以篇幅而言《四世同堂》一、二部是八年抗戰中首屈一指的中文長篇鉅製；英文則為林語堂的《京華煙雲》。《四世同堂》係以北平

小羊圈胡同的祁家祖孫四代為中心，描述北平淪陷區人民的苦難與鬥爭，也寫出了中國傳統文化對一般人民的鼓舞與束縛。

三十二年十一月，夫人胡絜青攜帶三位子女逃出北平，來到北碚與老舍團聚。

抗戰勝利後，為了促進中美文化交流和宣傳中國新文藝，老舍與劇作家曹禺應美國國務院邀請，於三十五年三月一道赴美講學。一年期滿，曹禺回國，老舍則繼續逗留美國，迄三十八年十月止。在美期間，老舍寫完《四世同堂》第三部《饑荒》與《鼓書藝人》兩部長篇小說，並幫助郭鏡秋和艾達·普魯伊特分別將《鼓書藝人》和《四世同堂》譯成英文，在美國出版。

此時，老舍也有計劃重新出版他的文集。他與上海晨光出版公司趙家璧合作，自三十五年冬起，陸續重排出版他的舊作。依序如下：《惶恐》、《偷生》——以上三十五年；《微神集》（短篇集一）、《貓城記》、《離

《惶恐》

婚》——以上三十六年；《趙子曰》、
《老張的哲學》、《二馬》、《牛天賜
傳》、《老牛破車》、《火葬》、《月
牙集》（短篇集二）、《老舍戲劇集》
——以上三十七年；《駱駝祥子》——
以上三十九年。

　　三十八年十月一日，中華人民共和
國在北京成立。不久，老舍得知周恩來
邀他回國的信息後，立即於十三日自美
啟程登輪，經由日本、菲律賓、香港等
地，於十二月十一日回到闊別已十四年
的故鄉北京。翌年初，夫人胡絜青與三
位子女由重慶回到北京，闔家團圓，結
束了顛沛流離的不幸生活。

　　在新政權下，老舍自五○年代初
起，曾先後擔任過政務院文教委員會委
員、全國人民代表大會代表、全國政治
協商會議常務委員會委員、北京市人民
政府委員、中國文學藝術界聯合會副主
席、中國作家協會副主席及書記處書
記、中國民間文藝研究會副理事長、中
國戲劇家協會和中國曲藝工作者協會理
事、北京市文聯主席、中朝友協副會長

《月牙集》

《老牛破車》

《過新年》

等職。老舍在他最後的十七年中，除積極地參加各種文藝領導工作及社會與國際文化活動，先後訪問過朝鮮、蘇聯、印度、捷克、日本等國外，他也較以前更勤奮地寫作，不斷有新作品問世，尤其在戲劇的創作領域上，更達到他的顛峰時期。

自一九五〇～一九六四年之十五年中，老舍出版有話劇：《方珍珠》（一九五〇年）、《龍鬚溝》（一九五一年）、《春華秋實》（一九五三年）、《青年突擊隊》（一九五五年）、《西望長安》（一九五六年）、《茶館》（一九五八年）、《駱駝祥子》（由小說改編，一九五八年）、《紅大院》（一九五九年）、《女店員》（一九五九年）、《全家福》（一九五九年）、《荷珠配》（一九六二年）、《神拳》（一九六三年）等十二種；小說：《無名高地有了名》（長篇，一九五五年）；文集：《過新年》（一九五一年）、《和工人同志們談寫作》（一九五四年）、《福星集》（一九五八年）、

《小花朵集》（一九六三年）、《出口成章》（一九六四年）等五種。

一九六六年六月十六日，中共發動「文化大革命」。八月二十四日，老舍因身心遭受嚴重摧殘，被迫自殺，享年六十八。

在老舍去世後，仍有數種重要作品或遺作經整理後始行發表出版。其中，值得一提的有長篇小說《四世同堂》第三部《饑荒》，一九七五年由香港出版；未完結之自傳體長篇小說《正紅旗下》於一九八〇年出版；長篇小說《鼓書藝人》由馬小彌根據英譯本再譯回中文，也於一九八〇年出版；《文學概論講義》一書於一九八四年出版。

再者，由夫人胡絜青、兒子舒濟及老舍研究者等編輯出版的集子，新出的有《我熱愛新北京》（散文集，一九七九年）、《老舍論創作》（一九八〇年）、《老舍生活與創作自述》（一九八〇年）、《老舍詩選》（舊體詩集，一九八〇年）、《老舍寫作生涯》（一九八一年）、《老舍論劇》（一九八一年）、《老舍幽默詩文集》（一九八二年）、《老舍小說集外集》（一九八二年）、《老舍文藝評論集》（一九八二年）、《老舍曲藝文選》（一九八二年）、《老舍幽默文集》（一九八二年）、《老舍新詩選》（一九八三年）、《寫與讀》（一九八三年）、《老舍序跋集》（一九八四年）、《老舍散文選》（一九八四年）等。

此外，有四卷本《老舍劇作全集》由胡絜青、王行之合編，北京中國戲劇出版社於一九八二～一九八五年出齊；五卷本《老舍選集》，由舒濟編選，成都四川文藝出版社於一九八二～八六年出齊；卷帙最多的十六卷本《老舍文集》，自一九八〇年十一月由北京人

民文學出版社出第一卷起，迄一九八七年五月止，僅出至十一卷。老舍是很少數享有殊榮，能由中共當局主持編印《文集》的幾位中國現代作家之一，先前幾位是魯迅、瞿秋白、郭沫若、茅盾、巴金、鄭振鐸、田漢等。其中，魯迅、郭沫若、茅盾三人出版的是《全集》。

在老舍晚年創作中，最為成功的是話劇《龍鬚溝》、《茶館》，以及長篇小說《正紅旗下》。三幕劇《龍鬚溝》自一九五〇年九月在《北京文藝》（月刊）創刊號上連載登出；翌年二月，由焦菊隱導演，在北京人民藝術劇院首次演出，通過生動逼真的人物形象，感人至深地表現「新中國」成立後，黨和政府對勞動人民的關懷。這是中共初期話劇創作中的最佳劇作。北京人民政府因於一九五一年十二月授予老舍以「人民藝術家」的光榮稱號。

三幕劇《茶館》，可說是老舍戲劇創作中的傑作。一九五七年七月先在巴金主編的上海《收獲》（季刊）創刊號上發表，繼於翌年六月由北京中國戲劇出版社出單行本。《茶館》係以北京一座茶館作為舞臺，利用「一個大茶館就是一個小社會」的特點，展開了清末戊戌維新失敗以後、民國初年北洋軍閥盤據時期和國民政府崩潰前夕三個不幸世紀，上場人物達六十多個。通過舊中國的日趨衰微，窮途末路，揭示出必須尋找別的出路的真理。全劇雖無中心的故事線索，卻能結構嚴密，一氣呵成，被譽為中共三十年來藝術性最為完美的話劇作品。一九八〇年秋，北京人民藝術劇院應邀赴西歐演出《茶館》，受到彼邦人士的高度稱讚，譽為「東方舞臺上的奇蹟」。

《正紅旗下》寫於一九六一～一九六二年間，並未完成，係帶有自傳性質的長篇小說，一九八〇年六月由北京人民文學出版社出版。

全書描寫大清帝國行將滅亡時五光十色的社會風貌，作者涉筆成趣，在在顯示出他幽默的風格，儘管嬉笑怒罵，卻能耐人咀嚼。

　　老舍的寫作才華是多方面的，長短篇小說、散文、戲劇、新舊體詩，甚至文藝理論、通俗文藝也無一不能，無一不精；對於語言文字的駕馭更是精妙。老舍之受人讚揚為「當代語言藝術的大師」，可說當之無愧。

原載《當代世界小說家讀本——老舍》，
民國七十七年二月，臺北光復書局初版。

中國現代作家的巨擘——魯迅

魯迅，姓周，幼名樟壽，字豫山；後改名樹人，改字豫才，再後以筆名「魯迅」行。周樹人是現代作家中使用筆名最多的一位，而「魯迅」是他將近一百五十個筆名當中最著名的一個，在民國七年發表成名作〈狂人日記〉時開始使用的。

魯迅係清光緒七年陰曆八月初三（公元一八八一年九月二十五日）誕生於浙江省紹興縣城一個逐漸沒落的書香門第。祖父周福清（介孚），進士出身，當時正在北京當官。父親周鳳儀（伯宜）中過秀才，母親魯瑞雖為舉人之女，卻未受過教育，後來以自修達到能夠看舊書的程度。魯迅之魯字即來自於母姓。

魯迅生為長男，二弟周作人（一八八五～一九六七年），後亦為名作家；三弟周建人（一八八八～一九八四年），後為名生物學家，稱得上一門三傑。

魯迅七歲時啟蒙，在家塾讀書，受的是傳統的科舉教育。十三歲時，祖父因涉科場

作弊案，身陷圖圄，家庭備受壓迫敲詐；翌年，父親病重，醫治兩年後，終於不治。經過這些劇變，魯迅由小康人家，驟然墜入困頓之境，使他嚐透冷暖世情，對他後來的處世態度及寫作皆有很大的影響。

　　一八九八年五月，魯迅十八歲時，到南京考入江南水師學堂，分發在管輪班（即輪機科）學習；未半年，即因不滿學校的守舊和腐敗，乃退學重考入江南陸師學堂附設之礦務鐵路學堂。

　　一九〇二年初，魯迅自礦路學堂畢業，旋與同學張邦華、伍崇學、顧琅等由兩江總督劉坤一派赴日本留學。先在東京弘文學院普通科江南班接受兩年的日語及速成教育。

　　在東京的兩年中，第一年魯迅曾與許壽裳、陶成章、張邦華等一〇一人在東京組成「浙江同鄉會」，並為會刊《浙江潮》月刊積極撰稿；第二年譯印有法國儒勒‧凡爾納的科學小說《月界旅行》；這是魯迅出版的第一部譯作。

　　一九〇四年九月，魯迅考入仙台醫學專門學校肄業兩年，想用醫學來促進中國人對於維新的信仰，以達到救國的目的。

　　一九〇六年一月，無意間在學校放映的幻燈片上，看到日俄戰爭中一個中國人被日軍殺頭示眾，而圍觀的一群中國人竟然無動於衷的鏡頭，深深地刺激了魯迅。他以為醫治人的身體，不如改變人的精神，與後來的郭沫若一樣，終於放棄醫學，開始轉向文藝創作之路。

　　同年三月，自仙台醫專退學回到東京；同時第二部譯作《地底旅行》也在南京印出。

　　同年夏，魯迅回國，奉母親之命與山陰朱安女士完婚。據說，魯迅為了抗議這椿包辦婚姻未行周公之禮，即於婚後數天帶同二弟作人前往東京求學。

　　一九〇八年夏，魯迅與許壽裳、錢玄同、周作人、錢家治、朱希祖、龔寶銓、朱宗萊等八人請國學大家章炳麟（太炎）在「民報社」講解文字學，每週一次，前後有半年之久。

　　一九〇九年三月及九月，魯迅與作人合譯之《域外小說集》分上下兩冊在東京出版，共收有英、美、法、俄、波、捷、芬等國短篇小說譯作十六篇，大部分是被壓迫弱小民族的作品，這是我國譯印歐美現代小說的嚆矢。

　　在日本七年，魯迅除精通日、德語外，並曾廣泛涉獵外國的自然科學、社會學說、文學、藝術和哲學，為未來的文學創作奠定下深厚的基礎。

　　一九〇九年八月，魯迅從東京回到國內。先在杭州浙江兩級師範學堂任初級化學和優級生理學教員，和朱希祖、夏丏尊、章嶔、張宗祥、錢家治、張邦華、馮祖荀……等同事，所編講義《人生象斅》，後曾收入《魯迅全集補遺續編》中。這是魯迅從事教育事業之始。

　　一年後，由杭州轉任故鄉紹興府中學堂監學（教務長）及生物學教員。辛亥革命後，曾轉任山會初級師範學堂監督（校長）約三個月。

　　民國元年二月，應中華民國臨時政府教育總長蔡元培邀請，前往南京任教育部部員。五月，隨教育部遷往北京；八月升為僉事兼社會教育司第一科科長，迄十五年八月魯迅由北京避難前往廈門止。「五四」之前，魯迅在單調而事簡的公務人員生活中，為了驅除寂

寗，將心力灌注於輯錄和校勘古代先賢著作，以及傳奇小説等；同時也潛心研究佛學、抄拓古碑、廣搜金石拓本，尤側重漢代畫像及六朝造像。

七年五月，白話小説〈狂人日記〉，以「魯迅」筆名發表於北京《新青年》月刊四卷五期上。這是魯迅的白話處女作，內容及形式明顯地受到果戈里、尼采、迦爾洵等歐洲現代作家的影響。同時這也是新文學以來第一篇現代新體白話小説。接著在四年半之間除陸續寫了〈孔乙己〉、〈藥〉、〈明天〉、〈一件小事〉、〈風波〉、〈故鄉〉、〈阿Ｑ正傳〉、〈社戲〉、〈不周山〉等十五篇小説，於十二年八月結集為第一本短篇小説集《吶喊》外，也發表了大量雜文，即形象性的論文和雜感。其中，〈阿Ｑ正傳〉是魯迅的代表作，也是迄今為止，現代中國短篇小説中最著名的一篇。〈阿Ｑ正傳〉係十年十二月四日，迄十一年二月十二日止，分九期在北京《晨報副刊》上連載，署名「巴人」。此外，以佛洛依德精神分

《吶喊》

析學說寫成的〈不周山〉，係新文學以來第一篇歷史小說，十一年十二月一日發表於《晨報四週年增刊》上。

除了創作外，在「五四」時期，魯迅也大量翻譯了西洋及日本作品，印成單行本的，先後有阿爾志跋綏夫的長篇小說《工人綏惠略夫》（十一年五月）、《現代小說譯叢》（十一年五月）、武者小路實篤的劇本《一個青年的夢》（十一年七月）、《愛羅先珂童話集》（十一年七月）、《現代日本小說集》（十二年六月）、愛羅先珂的童話劇本《桃色的雲》（十二年七月）、廚川白村的《苦悶的象徵》（十三年十二月）與《出了象牙之塔》（十四年十二月）二書等。魯迅與胡適之、周作人等三人可說是「五四」時期北方名氣最大的文學家。

自九年秋起，有六年之久，曾先後在北京高等師範學校、北京女子高等師範學校（後改為北京女子師範大學）、北京世界語專門學校、中國大學等校兼任教授或講師；也曾在北京之黎明、大中

《苦悶的象徵》

兩中學短期兼課。其間，又曾於十三年夏，應邀赴西安作暑期講學，在國立西北大學講授《中國小説的歷史的變遷》共十一次。

除了專心寫作翻譯及教書外，魯迅也一直熱心參與新文學的各種活動。十年初，民國以來第一個新文學社團——「文學研究會」在北京成立，魯迅因限於公職人員規定，未便加入，但自始即積極為其會刊《小説月報》寫稿，其早年譯作也大都收入《文學研究會叢書》中。其後，魯迅在北京倡議或參與發起的重要文學社團，先後有（一）十三年十一月成立的「語絲社」，出有《語絲》週刊，成員另有周作人、孫伏園、錢玄同、李小峰、林語堂，以及劉半農等；（二）十四年四月成立的「莽原社」，出有《莽原》週刊及《莽原》半月刊，成員另有高長虹、向培良、尚鉞、黃鵬基、高歌、韋素園、李霽野、臺靜農等；（三）十四年八月成立的「未名社」，出有《未名》半月刊及《未名叢刊》、《未名新集》兩種叢書，成員另有韋素園、韋叢蕪、曹靖華、李霽野、臺靜農、李何林、王冶秋等。

在北京的十五年中，魯迅的重要著譯除前述外，另有：

十三年六月及十四年九月分別出版的《中國小説史略》上下冊。此書係魯迅在北大及世界語專校之講義。迄今為止，仍為國人研究清末以前中國小説史最重要的必備參考書籍之一。

十四年十一月出版的第一本雜文集《熱風》，收七至十三年間所作雜文四十一篇。

十五年六月出版的第二本雜文集《華蓋集》，收十四年所作雜文五十一篇。

十五年八月出版的第二本短篇小説集《徬徨》，收十三至十四年

所作小說〈祝福〉、〈在酒樓上〉、〈肥皂〉、〈長明燈〉、〈示眾〉、〈傷逝〉、〈離婚〉等十一篇小說。

　　十五年「三一八」慘案之後，北京的政治環境日形險惡，為了逃避北洋政府當局的「通緝」，魯迅乃應林語堂之邀請，於是年八月離開他居住了十五個年頭的北京，經上海前往廈門，擔任私立廈門大學國文系兼國學研究院教授。北京是魯迅一生當中，除故鄉紹興外，居住最久的地方。

　　魯迅在廈大任教僅四個月，即因對廈大當局措施諸多不滿，於十五年底辭職。十六年一月應聘前往廣州，擔任國立中山大學文學系主任兼教務主任。這時，魯迅未來的夫人，許廣平女士也來校擔任他的助教。許廣平（一八九八～一九六八年），筆名景宋，廣東番禺人，小魯迅十七歲，係魯迅任教女師大時的學生、戰友和戀人，在隨同魯迅離開北京經上海時，已先到廣州，擔任廣東省立女子師範學校訓導主任兼舍監。

《中國小說史略》

《華蓋集》

十六年六月，魯迅因中大在「清黨」後政治環境惡劣而辭職獲准，但仍暫留廣州。

　　在廈大與中大時，魯迅除編寫講義《中國文學史略》（收入《全集》時，改題《漢文學史綱要》）外，主要工作則在將往年舊作及新寫文章編印成書。

　　十六年三月，第一本論文集《墳》在北京出版，收一九〇七～一九二五年所作論文二十三篇。

　　同年五月，第三本雜文集《華蓋集續編》，在北京出版，收十五年所作雜文三十二篇，另十六年所作一篇。

　　同年七月，散文詩集《野草》與回憶文集《朝花夕拾》二書同時在北京出版。《野草》收十三至十五年間所作散文詩二十三篇，是新文學以來第四部散文詩集。之前，有許地山的《空山靈雨》，十四年一月初版；高長虹的《心的探險》，十五年六月初版；焦菊隱的《夜哭》，十五年七月初版。《朝花夕拾》收十五年所作回憶散文十篇。前五篇寫於北京，後五篇寫於廈門。最初係以《舊事重提》的總題陸續發表在《莽原》半月刊上。

　　十六年九月下旬，魯迅與許廣平搭船經由香港前往上海。十月初抵滬後，兩人即賦同居。此後十年，魯迅定居上海，嘔心瀝血從事文學與藝術工作，以迄逝世為止，成為國人中第一個依靠寫作維生的職業作家。此外，無可諱言的是，從十六年十二月起，魯迅曾應當時「大學院」（後改「教育部」）院長蔡元培之邀請，擔任特約撰述員，迄二十年十二月為止，歷時四年又一個月。月薪三百，較當時一般大學教授待遇更為優厚。

十六年十二月，《語絲》週刊被奉系軍閥封閉後，移滬續刊，自四卷起由魯迅擔任主編一年，這是魯迅居滬後主編的第一個刊物。不久，魯迅與「創造社」、「太陽社」關於「革命文學」的激烈論爭；以及與「新月派」梁實秋關於「盧騷」的論戰文章，大抵發表於其主編的《語絲》上。

十七年六月，魯迅與退出「創造社」的郁達夫合組「奔流社」，創辦《奔流》月刊，迄十八年十二月停刊。魯迅曾在該刊上發表譯文多篇，開始致力於介紹無產階級革命文學理論。

同年十月，第四本雜文集《而已集》出版，收十六年所寫雜文二十九篇，附錄〈大衍發微〉一篇係寫於十五年。

同年十一月，魯迅與柔石、崔真吾、王方仁（梅川）等組成「朝花社」，迄十九年五月解散，曾創辦《朝花》週刊（後改旬刊），出版《近代世界短篇小說集》二集、版畫叢刊《藝苑朝華》五輯。「朝花社」也是我國新版畫藝術最早的介紹者和倡導者。

十八年夏，魯迅進一步與馮雪峰共同編輯以介紹馬克思主義文藝理論為宗旨的《科學的藝術論叢書》，自五月起陸續由水沫及光華

《文藝與批評》、《文藝政策》、《藝術論》

兩書局出書。魯迅自己也先後譯印盧那察爾斯基的《文藝與批評》（十八年十月，水沫），蘇聯當時的《文藝政策》（十九年六月，水沫），普列漢諾夫的《藝術論》（十九年七月，光華）等三書收入《叢書》中。在思想上，魯迅終於成為一個傾心的共產主義者。

同年九月二十七日，他唯一的兒子生於上海，取名「海嬰」。

十九年元旦，魯迅與馮雪峰合編的《萌芽月刊》在上海創刊，前後共出六期。魯迅與「新月派」批評家梁實秋有關翻譯和文藝觀的著名論戰文章，大抵發表於《萌芽》上。

同年二月十三日，參加「自由運動大同盟」成立大會，列名為發起人之一。

同年三月二日，「中國左翼作家聯盟」（簡稱「左聯」）在上海成立，魯迅被選為執行委員，並作「對於左翼作家聯盟的意見」之演講。同時，《萌芽月刊》第三期起，成為「左聯」的機關刊物。之後，魯迅成為「左聯」盟主有六年之久，迄二十五年春「左聯」自動解散為止。其間，魯迅曾多次以犀利的文筆與當時右派及自由派作家作激烈而不留情面的論戰。

「左聯」成立後三個月，國民黨上海市黨部亦積極推動其黨籍文人潘公展、范爭波、朱應鵬、傅彥長、王平陵等發起「民族主義文藝運動」。「左聯」則以魯迅、茅盾、瞿秋白為主，展開對「民族主義文學」的理論鬥爭。

二十年二月，魯迅因白色恐怖在棄家出走的流離中，聽到好友柔石及其他二十三位共黨革命者被槍殺後，在悲痛交加中曾作傳頌一時，被譽為「絕唱」的七律悼詩一首，以寄託自己的哀思。詩云：

「貫於長夜過春時，挈婦將雛鬢有絲。夢裏依稀慈母淚，城頭變幻大王旗。忍看朋輩成新鬼，怒向刀叢覓小詩。吟罷低眉無寫處，月光如水照緇衣。」

二十一年九月，第五本雜文集《三閒集》出版，收十六至十八年所作雜文三十四篇，末附作於當年的〈魯迅著譯書目〉一篇。

同年十月，第六本雜文集《二心集》出版，收十九至二十年所作雜文三十七篇，末附〈現代電影與有產階級〉譯文一篇。

同年十一月，在「文藝自由」論戰的高潮中，魯迅曾發表「論『第三種人』」一文，同時批評自稱為「自由人」的胡秋原，以及自稱「第三種人」的蘇汶（戴杜衡）兩人及其文藝理論。

二十二年一月十一日，魯迅應蔡元培邀請參加成立還未滿一月的政治團體「中國民權保障同盟」；旋於十七日在該會「上海分會」成立大會上與宋慶齡、蔡元培、楊銓、林語堂等九人被選為執行委員。同盟成立主旨在營救政治犯、伸張民權、爭取言論、出版、集會、結社等自由。六月，因總幹事楊銓被國民黨特務暗殺後，同盟被迫停止了活動。

同年四月，魯迅與景宋之通訊集《兩地書》出版，收十四至十八年間所寫書信共二八九封。魯迅是當代少數出有書信集的作家之一。

同年七月，《文學》月刊在上海創刊，由魯迅、茅盾、郁達夫、陳望道、傅東華、鄭振鐸等十人創辦，迄二十六年十一月停刊，這是「一二八」後，迄抗戰前，上海大型文藝期刊中壽命最長，水準也最高的一種，魯迅在該刊曾發表過二十多篇文章。魯迅逝世時，該刊曾連續出兩期《魯迅先生紀念特輯》。

《准風月談》

同月，瞿秋白以「何凝」筆名為魯迅編印一部《魯迅雜感選集》，收魯迅在七至二十一年間所寫雜文七十四篇。在〈序言〉裏，瞿秋白對魯迅雜文的成就首度給予高度評價。瞿秋白（一八九九～一九三五年）是中共早期重要領導人之一，在三〇年代初期與魯迅交往中建立了深厚友誼。他與魯迅、茅盾是「左聯」前期最主要的三位文藝理論家。二十四年故後，魯迅曾以「諸夏懷霜社」名義為其編印譯文集《海上述林》上下兩冊。

同年十月，第七本雜文集《偽自由書》出版，收二十二年一至五月間在申報《自由談》上登載過的雜文四十三篇。

二十三年三月，第八本雜文集《南腔北調集》出版，收二十一至二十二年所作雜文五十一篇。

同年十二月，第九本雜文集《准風月談》出版，收二十二年六至十一月間在申報《自由談》上登載過的雜文六十四篇。

　　民國二十三年，在文壇上是小品文年，也是雜誌年。四月五日，標榜「小品文」的《人間世》半月刊在上海創刊，由林語堂主編，陶亢德、徐訏編輯。魯迅對於多年親密戰友林語堂提倡的「以自我為中心，以閒適為格調」的小品文理論，不僅數度撰文批判；還熱心支援以反對《人間世》為職志的另一小品文半月刊《太白》。《太白》係同年九月二十日創刊，由陳望道主編，魯迅除參予籌辦與編務外，在出刊一年中，曾在該刊發表過二十五篇雜文。

　　在同年的九月十六日，由魯迅、茅盾、黎烈文等發起籌辦的《譯文》月刊也在上海創刊，前三期係由魯迅負責主編。這是三○年代專登翻譯文學而水準特高的僅有幾份刊物之一。魯迅逝後，該刊曾出《哀悼魯迅先生特輯》。

　　魯迅對於青年作家的提攜與教導一向是不遺餘力的。譬如「左聯」成立前，對於柔石、崔真吾、王方仁等予以熱心指導；「左聯」成立後，對於巴金、黃源、胡風等始終愛護有加。二十四年起，魯迅又大力支援當時尚未成名的葉紫、田軍（蕭軍）、蕭紅等年輕作家，以「奴隸社」名義自費印行自己的作品。魯迅分別為葉紫的短篇小說集《豐收》、蕭軍的長篇小說《八月的鄉村》、蕭紅的中篇小說《生死場》作了序言，讚揚這些作品充滿了「對於生的堅強和死的掙扎」的奮鬥精神。

　　二十四年五月，由楊霽雲編輯，魯迅本人校訂並作序的《集外集》出版，選收二十二年以前出版的雜文集中未曾編入的二十五篇雜文及四十九首舊詩。

《故事新編》

同年七月，趙家璧主編，魯迅編選之良友版《中國新文學大系‧小說二集》印出，收入三十三位當代作家之五十九篇短篇小說。其編選序言，已成為現代文學史的一篇重要文獻。

二十五年一月，第三本短篇小說集《故事新編》出版，收十一～二十四年間以古代歷史和神話為題材寫作的八篇歷史小說。其中〈非攻〉、〈理水〉、〈採薇〉、〈出關〉、〈起死〉等五篇是二十三年八月至二十四年十二月間新寫的，僅〈出關〉一篇曾發表過。其餘〈補天〉（原名〈不周山〉）、〈奔月〉、〈鑄劍〉（原名〈眉間尺〉）等三篇則曾於十一至十六年間在北京報刊上發表過。《故事新編》是魯迅作品中比較獨特的一部，也是三〇年代中傑出的少數幾部歷史小說集之一。

同年六月，第十本雜文集《花邊文學》出版，收二十三年一月至十一月間所作雜文六十一篇，這些文章先前都已在《申報‧自由談》、《中華日報‧動向》及《太白》上登載過，這是魯迅生

前出版的最後一本創作集。

對於西洋文學的翻譯與介紹，在魯迅的一生中，可說是不曾間斷過的。到了晚年，還特別在蘇聯文學的譯介上花費許多精力。

二十年十月，翻譯之法捷耶夫（A.A. Fadejev，1901-1956）長篇小説《毀滅》，在上海以「三閒書屋」名義自費出版。

二十二年一月，編譯之蘇聯短篇小説集《豎琴》，由上海良友公司出版。

二十二年二月，翻譯之雅各武萊夫（A. Yakovlev，1886-1953）長篇小説《十月》，由上海神州國光社出版。

二十二年三月，編譯之蘇聯短篇小説集《一天的工作》，由上海良友公司出版。

二十四年七月，翻譯之班臺萊耶夫（L.Panterejev，1908-X）童話小説《錶》，由上海生活書店出版。

二十四年八月，翻譯之高爾基（M. Gorky，1968-1936）童話集《俄羅斯的童話》，由上海生活書店出版。

《毀滅》

《俄羅斯的童話》

二十四年十一月，翻譯之果戈里（N.V. Gogol，1809-1852）長篇小說《死魂靈》，由上海文化生活出版社出版。

二十五年九月，翻譯之契訶夫（A. Chekhov，1860-1904）短篇小說集《壞孩子和別的奇聞》，由上海聯華書局出版。這是魯迅生前出版的最後一部翻譯作品。

魯迅原是有肺病的，始終不曾治癒。到了二十四年底，原有的肺病加重，健康已大不如昔，仍不願住院療養。二十五年起，雖在病中，但仍寫作不輟。五月中病倒後，已知病將不起。十月十九日，在寫完生前最後一篇文章〈因太炎先生而想起的二三事〉兩天後，終於病逝上海大陸新村九號寓所，享年僅五十六歲。

魯迅是中國現代作家中最偉大的一位。他在現代文學的多種領域上，各有傑出的成就。他的短篇小說，開了中國現代小說的先河；他的散文創作也為我國現代散文開拓了新天地；他的散文詩與歷史小說，對於後來的作者產生極其深遠的影響；他對於舊小說的整理與研究，至今仍為學者稱頌。然而，最大的成就仍不得不推他所創造的雜文。他的雜文，被稱為「匕首」，被稱為「投槍」，至今還沒有人能超越過他。魯迅使雜文成為中國現代文學創作中的重要體裁之一，也使雜文的成就與影響提昇到空前未有的地步。

魯迅逝世之後，迄今為止，曾先後出版過三部《魯迅全集》。一為一九三八年上海出版的二十卷本，前十卷收入魯迅的創作、論著和輯錄的部份古籍；後十卷收入魯迅的翻譯作品。其中，在魯迅逝後始新出的重要著作有《且介亭雜文》、《且介亭雜文二集》、《且介亭雜文末編》、《集外集拾遺》等四本雜文集，以及《漢文學史綱要》

一書。一為一九五六至五八年北京人民文學出版社陸續出版的十卷註釋本，專收創作。一為一九八一年新出的十六卷註釋本，專收創作，另有《附集》一卷。此外，一九五九年北京人民文學出版社亦出有十卷本《魯迅譯文集》，專收翻譯作品。魯迅是中國現代作家中，出有全集的第一人。

原載《當代世界小說家讀本——魯迅》，民國七十七年三月，臺北光復書局初版。

《魯迅全集補遺》

創作翻譯皆稱高手的施蟄存

施蟄存先生早年成名於文壇，著、編、譯三者皆稱高手；中年以後專注於大學教學及外國文學翻譯工作，實貢獻良多；晚年則改變興趣，潛心於古典文學和碑版文物研究，亦卓然有成。作為一個文人，而在文壇上能有多方面的傑出成就，實在令我們敬佩。

即以創作而言，施蟄存先生是我國二〇年代末三〇年初「新感覺派」的三位代表小説家之一。他是當時運用佛洛依德學説來創作心理分析及歷史小説最為成功的一位作家。光是作為我國現代文壇上重要流派的作家之一，施蟄存先生就足以在中國新文學史上名垂不朽了。

施蟄存先生係江蘇松江人氏，一九〇五年十二月一日生於原籍杭州。八歲起，即隨父母定居松江。民國七年秋，考入江蘇省立三中，四年後畢業。施蟄存先生少年時嫻習舊文學，中學畢業那年即在上海著名的鴛鴦蝴蝶派刊物《禮拜六》、《半月》、《星期》等發表文言小説。

民國八十八年十月十日與
施蟄存先生留影

《無軌列車》

民國十一年夏自中學畢業後，曾就讀杭州之江大學一年，上海大學兩年，大同大學一年。民國十五年夏自大同大學畢業後，與杜衡一起考入震旦大學法文特別班。在震旦肄業未滿一年當中，與學友杜衡及戴望舒、劉吶鷗共四人可說交稱莫逆，除了成為未來文學事業上非常親密的夥伴外，也是後來發展成名震全國的「現代派」中心人物。

民國十七年九月十日，《無軌列車》半月刊在上海創刊，由劉吶鷗主編，第一線書店發行，迄十二月二十五日止，共發行八期。《無軌列車》係帶有現代主義傾向的文學刊物，主編劉吶鷗在該刊發表的某些小說已經嘗試著運用快節奏、意識流、心理分析和象徵手法。施蟄存身為該刊編輯兼主要撰稿人，無疑地也受到相當大的影響。

先是，戴望舒、劉吶鷗、戴杜衡、施蟄存等四人在先後離開震旦大學之後，於民國十七年組成「水沫社」。民國十八年初由劉吶鷗出資，進而擴大創立水沫書店。同年九月十五日，《新文

藝》月刊創刊，由劉吶鷗、施蟄存、戴望舒三人編輯，水沫書店發行，前後出版八期。這是「水沫社」繼《無軌列車》之後發行的另一刊物，也是當時「新感覺派」的主要陣地。施蟄存的〈鳩摩羅什〉、劉吶鷗的〈方程式〉、穆時英的〈黑旋風〉等短篇小說都發表於此。經過不斷的嘗試之後，劉吶鷗、施蟄存、穆時英三人終於在三〇年代初成為我國「新感覺派」的代表作家。

在三〇年代前後，施蟄存先生出版的短篇小說集有《上元燈》（十八年）、《將軍底頭》（二十一年）、《梅雨之夕》（二十二年）、《善女人行品》（同上）、《小珍集》（二十五年）等五本，共收短篇小說四十四篇。此外，在民國二十六年一月，施蟄存先生出版了迄今為止僅有的兩本散文集中的第一本《燈下集》，收散文二十六篇。

民國二十一年五月一日，施蟄存先生應上海現代書局之聘，主編新創刊的《現代》月刊，一年後杜衡也進來加入

《新文藝》

《上元燈》

《現代》

《文飯小品》

主編。《現代》出至二十三年十一月的六巷一期後，因書局改變出版方針兩人即自動退出，過了三期之後，刊物也因打不開銷路而終於停刊。

《現代》係三〇年代初期全國最具有影響力的兩大文學期刊之一，另一為由「文學社」編輯的《文學》月刊。我國三〇年代初期，繼「新月派」之後，在詩壇上興起的另一個重要新詩流派「現代派」，即因施蟄存先生主編的《現代》雜誌而得名，施蟄存先生可稱為「現代派」的舵手、掌門人。在中國新文學史上，「現代派」三個字可以說與施蟄存先生分不開關係的。在《現代》之後，施蟄存先生又先後主編過《文藝風景》（月刊，二十三年六月創刊，出兩期）與《文飯小品》（月刊，二十四年二月創刊，出六期）兩種文學期刊，但盛況不再，影響力已遠不及《現代》了。

民國二十四年夏，施蟄存先生應上海雜誌公司之聘，與晚清文學研究專家阿英合作主編《中國文學珍本叢書》。

編輯委員中，有周作人、胡適之、葉聖陶、鄭振鐸、林語堂、俞平伯、郁達夫、朱自清等人。同年八月起，《叢書》第一輯五十種開始陸續出版，其中由施蟄存先生校點的古籍有《宋六十名家詞》（六集）、《金瓶梅詞話》（五冊）、《翠樓集》、《晚香堂小品》（上、下冊）、《徐文長逸稿》等五種。

在這段創作與編輯生涯的同時，施蟄存也從未間斷過外國文學的翻譯工作。重要的翻譯作品，先後出版的有德國格萊賽原著的長篇小說《一九〇二年後》（十九年）、奧國顯尼志勒原著的長篇小說《婦心三部曲》（二十年）與《薄命的戴麗莎》（二十六年）、挪威哈姆生原著的長篇小說《戀愛三昧》（二十二年），以及《匈牙利短篇小說集》、《波蘭短篇小說集》（均二十五年）等。

抗戰爆發後，施蟄存先後在昆明任雲南大學文學系教員、副教授約三年（二十六年八月至二十九年五月）；在永安任福建省立中等學校師資養成所副教授半年（三十年二月至七月）；在長汀任廈門大學中文系副教授、教授四年（三十年八月至三十四年七月）；在三元、徐州任江蘇學院文史系教授一年（三十四年八月至三十五年七月）；在上海任暨南大學文學院教授三年（三十五年八月至三十八年七月）。

在這十二年中，施蟄存先生曾在三十五年四月十日與周煦良教授創刊一份以翻譯為主的期刊《活時代》，共發行三期；三十六年五月，由上海懷正文化社出版第二本散文集《待旦錄》，收有寫於抗戰期間的二十三篇散文。三十七年九月，由上海正言出版社印行匈牙利作家莫爾納的對話小喜劇《丈夫與情人》、《稱心如意》（歐洲諸小國短篇小說集），及波蘭顯克微支的小說《勝利者巴爾代》等三種譯本。

一九四九年大陸易幟後，施蟄存先生曾先後在暨南大學、大同大學、光華大學、滬江大學等校任教。一九五二年秋，中共首度調整全國高等學校院系，施蟄存先生被分配至上海華東師範大學中文系任教，迄一九八六年十月，八十一歲退休為止。退休之後，學校當局仍續聘為研究生導師，以迄今日。

一九四九年後，施蟄存先生主要從事教學與翻譯工作。先後出版的重要譯作有《漁人》（蘇聯，梅列伐洛維基長篇小說，一九五一年）、《軛下》（保加利亞，伐佐夫長篇小說，一九五二年）、《第九個浪頭》（蘇聯，愛倫堡長篇小說，一九五三年）、《榮譽》（蘇聯，巴希洛夫長篇小說，一九五三年）、《火炬》（匈牙利、莫列支長篇小說，一九五三年）、《顯克微支短篇小說集》（與周作人合譯，一九五五年），以及丹麥作家尼克索的長篇小說《征服者貝萊》（共四卷，一九五六至一九五九年出齊）等。

一九四九年後，施蟄存先生一直不得意於大陸文壇，他的早期創作從未有機會重新出版。一九五七年八月，在當時極左氣氛籠罩整個大陸下，不但被戴上了右派帽子，並且連編譯的作品也全部不能出版。從此，不得已移情於古典詩詞以及金石文字、古器物銘、鼎彝碑拓的研究考證與輯錄工作。然而，皇天不負苦心人，施蟄存先生與沈從文先生的晚年境遇有些相像，他在古典文學與古代碑拓器物的研究上，也終於獲得了美譽。

一九七八年，施蟄存先生的右派問題終由中共當局予以平反。一九八一年起，施蟄存先生陸續在北京《新文學史科》季刊上發表多篇回憶錄。

施蟄存先生今年已是八五高齡，但仍老而彌健。三、四年前還發奮整理新作，潤飾舊譯。其中，譯詩集《域外詩抄》經於一九八七年十月出版；文學論著《唐詩百話》不但於一九八七年九月由上海古籍出版社印行，而且也已經授權臺北聯經出版公司在本年中出版繁體字版。

民國八十九年八月十三日與施蟄存先生留影

隨著日益開放的學術研究風氣，施蟄存先生在近年來終於獲得他在現代文學史上應有的評價，以及人間的溫馨。

原載臺北《文訊月刊》51期，民國七十九年一月一日出版。

苦學成名的 散文劇作家柯靈

柯靈與沈從文是中國現代著名作家中，因家貧失學，靠刻苦自習走向文學道路，最後皆以文字焠煉達到爐火純青地步的兩位典型人物。而柯靈非但是現代傑出的散文家及電影劇作家，也是一位成功的報人，先後編過二十五種報紙副刊和雜誌。

柯靈原名高隆任，字季琳，筆名有柯靈、蕪村、林真、郁文、陳浮、朱梵、宋約等，一九○九年二月十五日生於廣州一個官僚家庭，辛亥革命後全家遷回原籍浙江紹興斗門鎮，家境逐漸衰落。一九一四年，柯靈六歲，因父親病逝，家道急遽敗落；一九二二年夏，高小畢業，此後再也無力繼續升學，而人情冷暖、世態炎涼的滋味，開始像蟲蛀一樣侵蝕他童稚的心靈。也是這種惡劣環境，硬是將頑強不屈的柯靈從曲折的道路上錘鍊成一位修養有素而又具有多方面才華的文學作家。

柯靈先生

柯靈先生攝於西元一九八八年
十月十四日

一九二四年春至一九二九年冬，柯靈在家鄉附近小學執教。為了做好教學工作，柯靈乃勉力自學。他曾自述：「所謂『自學』，唯一的途徑也就是暗中摸索，胡亂地找書來讀，有如飢不擇食，慌不擇路。……有機會零星地讀到少量上海出版的雜誌，紙上的大千世界打開了我的眼界，使我著了迷。久而久之，也就自然而然地萌生了寫作衝動。」（〈早熟的悲歡〉，載一九八八年八月十日「聯合報‧聯合副刊」。）

柯靈的早年習作，自一九二四年秋末起先後在紹興的《越鐸日報》、杭州的《民國日報》，以及上海的《兒童世界》、《少年雜誌》、《婦女雜誌》等刊物上發表。

一九三〇年春節剛過，機緣使柯靈脫離了六年的教學生涯，走上了報刊編輯路途。他興致沖沖地由故鄉前往當時全國文化中心的上海，在主編過兩份短命報刊後，又黯然地回到故鄉。

是年六月一日，民國以來第一張兒童報紙《中國兒童時報》（三日刊）在

紹興創刊，由杭州一師出身，當時任職
紹興教育局督學的田錫安創辦，柯靈應
邀擔任主編，一手包辦編輯、寫作、改
譯和校對等工作。自是年仲夏起，迄翌
年秋末止的一年多時間，三日一刊，逼
使柯靈寫出不少各種體裁的兒童作品。
其中，兒童詩部分，後來編為《月亮姑
娘》一書，一九三二年九月由上海兒童
書店出版，是為柯靈的處女作；童話部
分，後來編為《蝴蝶的故事》；短評部
分，後來編為《小朋友講話》，二者同
於一九三三年由上海新中國書店出版，
這是柯靈最早出版的三本書。

作者與柯靈先生合影留念

　　一九三一年十一月，柯靈二度來到
上海，打進電影界，並從此在這有「東
方冒險家的樂園」之稱的十里洋場定居
下來。

　　來到上海後，柯靈先進天一影片
公司。第二年起，從天一轉入明星影片
公司，擔任宣傳科長，明星是當時全國
規模最大的電影製片公司。從一九三三
年迄抗戰發生前的五年半中，柯靈先後
加入左翼影評人小組，兼任《晨報》及

作者與柯靈先生合影留念

《大晚報》記者，主編華文《大美晚報·文化街》（週刊）及《明星半月刊》，擔任明星二廠廠務祕書及聯華影片公司廠務祕書兼宣傳主任。這些經驗，為他後來從事電影劇本創作和探討電影藝術理論打下了扎實的實務基礎。

在這段期間，柯靈也開始寫作短篇小說和散文，後來在接觸到魯迅作品後又用心寫起雜文來。這些作品大多散見於《申報·自由談》，以及《現代》、《太白》、《宇宙風》、《東方文藝》、《光明》等期刊上。此外，柯靈也曾在鄭伯奇主編的《新小說》月刊上連載過五期長篇小說《犧羊》，可惜因《新小說》夭折而沒有寫完這生平唯一的一部長篇小說。

抗戰爆發之初，柯靈曾擔任由郭沫若、夏衍、阿英等主編的《救亡日報》編委之一，同時又主編時事週刊《民族呼聲》。上海成為「孤島」後，又先後主編過《文匯報·世紀風》、《文匯報晚刊·燈塔》、《大美報》本埠新聞版、《大美報·早茶》、《大美報·淺草》、《大美晚報》要聞版、《正言報·草原》等刊。太平洋戰爭爆發，上海全部淪陷，柯靈除參加若干劇團，從事話劇活動外，又冒著極大危險，接編《萬象》雜誌。一九四四年六月和一九四五年六日，柯靈曾因「愛國」罪名，兩度遭受日本憲兵隊逮捕，雖經嚴刑拷打，而始終堅貞不屈，在抗戰勝利後，因而獲政府當局表揚，並頒授「勝利勳章」。

抗戰時期，柯靈寫作最多的是雜文與散文，出版的雜文集有《市樓獨唱》及《邊鼓集》、《橫眉集》等三種，後兩種係與他人合著的；出版的散文集有《望春草》及《晦明》兩種。此外，也出版

了一本短篇小說集名《掠影集》，收
有小說七篇。

在這段期間，柯靈也開始寫起電
影劇本來，並試著將中外文學名著改編
為話劇上演。寫出的電影劇本有《武則
天》、《亂世風光》、《浪子行》等；
改編的話劇劇本有《飄》（美國密西爾
女士原著）、《恨海》（清末吳趼人原
著），以及與師陀合作的《夜店》（蘇
聯高爾基原著《底層》）等。

抗戰勝利後，柯靈先與唐弢合編
政論刊物《周報》，繼任《文匯報》主
筆，並先後主編該報〈讀者的話〉、
〈星期談座〉、〈浮世繪〉等副刊，以
及《新民晚報》之副刊〈十字街頭〉
等。一九四八年五月，由滬去港，參與
創辦港版《文匯報》，並主編其副刊
〈彩色版〉及〈社會大學〉。同時，還
擔任香港永華影業公司編劇，寫出兩部
電影劇本：《春城花落》與《海誓》。

一九四九年後，柯靈在大陸曾歷
任上海《文匯報》副社長兼總編輯、
文化部電影局上海劇本創作所所長、

《掠影集》

《周報》

上海電影藝術研究所所長、全國文聯委員、中國政協理事、中國影協理事、作協及影協上海分會副主席、國際筆會上海中心主席、全國政協委員、常委等職；《大眾電影》與《上海電影》兩刊主編；《電影藝術》與《收穫》兩刊編委。在十年文革期間，曾坐牢三年，靠邊六年。文革之後，雖然身心皆受到嚴重傷害，耳朵得靠助聽器才聽得到，然而磨難沒有消蝕他的銳氣。相反的，他開始更認真也更廣泛地思考問題，重新拿起筆來，寫得比以前更勤，文字也比以前更精鍊，把創作帶到了優美的境界。

一九四九年以後，柯靈出版的作品中，散文集有：《遙夜集》、《暖流》、《香雪海》、《長相思》、《柯靈散文選》、《柯靈雜文集》、《煮字生涯》、《文苑漫遊錄》、《柯靈》（中國現代作家選集）、《浪跡五記》、《墨磨人》、《隔海拜年》等；電影劇本有《腐蝕》（據茅盾同名小說改編）、《為了和平》、《不夜城》、《春滿人間》、《秋瑾傳》（據夏衍同名劇本改編）、《柯靈電影劇本選集》等；論著有《電影文學座談》、《劇場偶記》；短篇小說集有《同伴》。

柯靈從小失學，受的教育實在不多，但通過勉力自學，終於走上文學道路。在文學創作上，柯靈成就最大也最受推崇的是他的散文，這是長年的淬煉後，對於語言文字的駕馭已達到收控自如，爐火純青的地步所造成的。

柯靈主張現代文字的運用，應該把握「古為今用」、「洋為中用」、「口語加工」三個原則。三者揉合為一，成功地造成柯靈式文體。在柯靈的文章中，處處可見他信手拈來，即靈活地將文言典故與

口語白話融為一體而又自然熨貼，完全不露鑿斧痕跡，除見其學殖深厚外，也使其散文成為文壇一絕。

在文壇上，柯靈也以敢言著稱。近年最著名的兩件事，一為熱心呼籲應為反共作家張愛玲重新評價；一為仗義執言，為左翼文壇宿敵梁實秋的「抗戰無關論」說公道話。

先是，一九八四年十一月，柯靈在北京寫下〈遙寄張愛玲〉一長文，除了重新肯定傅雷在抗戰時期對於張愛玲的小說《金鎖記》予以高度評價一事，同時也期待張愛玲能寫出新的《金鎖記》，新的《傾城之戀》來。文章在大陸發表後，很快地引起連鎖反應，造成大陸出版界的張愛玲熱，同時《金鎖記》也應時拍成電視劇上映，取名《昨夜的月亮》。由於張愛玲曾在香港出版過兩本暴露「鐵幕」黑暗的反共小說《秧歌》和《赤地之戀》，因此在大陸一直是位惡名昭彰的反共作家，而柯靈在大陸改革開放的初期就敢發表這樣的文章，足見其勇氣與擔當。

其後，一九八六年七月，柯靈在〈回首燈火闌珊處〉（《中國現代文學序跋叢書——散文卷》引言）一文中，又甘冒大不諱，仗義執言，為梁實秋「抗戰無關論」鳴冤平反，再見其見義勇為的風骨。

關於「抗戰無關論」論爭的導火線，是一九三八年十二月一日，梁實秋在重慶《中央日報》副刊《平明》創刊號上開場白中的一段話，原文如下：

現在抗戰高於一切，所以有人一下筆就忘不了抗戰。我的意見稍微不同。於抗戰有關的材料，我們最為歡迎，但是與抗

戰無關的材料，只要真實流暢，也是好的，不必勉強把抗
戰截搭上去。至於空洞的「抗戰八股」，那是對誰都沒有
益處的。

　　柯靈接著在其大文中，深中肯綮地剖析道：「這一席話之所以暴
發為一場軒然大波，原因不難理解。梁實秋一直是左翼文壇的論敵，
雖然到了應該一致對外的抗戰時期，看來彼此都沒有消除宿怨，說這
番話的場合又是國民黨的《中央日報》。但如果撇開這些政治、歷史
和心理因素，完整地理解前面引述的那段文字，卻無論怎麼推敲，也
不能說它有什麼原則性錯誤。把這段文字中的一句話孤立起來，演繹
為『抗戰無關論』，或『要求無關抗戰的文字』，要不是隻眼見事，
不免有曲解的嫌疑。」

　　這樣地「斷章取義，曲解原意」，在中共出版的各種現代文學史
中，幾乎已成鐵案如山。現在經由柯靈的大聲疾呼，我想這段公案，
應已真相大白了。

　　　　　初載台北《文訊月刊》52期，民國七十九年二月一日出版。
　　改訂稿刊載民國八十三年一月九日臺北《中國時報‧人間副刊》。
　　　　　　　後收入楊澤主編《從四〇年代到九〇年代》
　　　　　　　　　　──兩岸三邊華文小說研討會論文集，
　　　一九九四年十一月二十五日，臺北時報文化出版公司初版。

以翻譯文學名著為職志的李霽野

「未名社」是二〇年代在北京成立，後以翻譯及出版文學作品著稱的一個文學社團，成員僅六人而已。魯迅為該社中心人物。「未名社」發起的契因係魯迅想為一個高中剛畢業的年輕人——李霽野，印行其第一本譯作；而李霽野也未辜負魯迅的期許，一生以翻譯文學名著為職志。

李霽野，原名繼業，後以筆名霽野行，筆名另有里予、任冬、王元、夢雲、朱夢雲等。一九〇四年四月六日在安徽省霍邱縣葉集鎮出世，霍邱在五四後出過不少新文學家，除本文述及的「未名四傑」外，另有李何林（竹年）、王冶秋、王菁士、張目寒等。李霽野為商人子弟，自幼沉默寡言，喜讀書，不多事，也不愛好體育活動。一九一二年，即八歲時，始上私塾附讀，一九一四年初春，鎮上新成立一所新式小學，取名明強，李霽野與韋素園、韋叢蕪兄弟，以及張目寒、臺靜農等同時進入明強，均在甲班肄

李霽野先生

李霽野先生西元一九八九年八月於
天津南開大學留影／陳漱渝提供

業，李霽野在一九一九年夏畢業後，旋
即考入公費的阜陽安徽省立第三師範學
校；一年後，韋叢蕪與李何林也相繼入
校，三人過從最密。一九二一年秋開學
後未久，李霽野與韋叢蕪因細故向學校
聲明退學，離開三師。在肄業三師時，
霽野與叢蕪兩人曾於一九二一年同在武
昌讀書的幾個小學同學合辦兩期《新淮
潮》，李霽野在該刊上發表他的第一篇
文章，大意是說人要誠誠實實做人，腳
踏實地做事。

　　一九二二年春節過後，霽野、叢
蕪兩人從故鄉來到安慶，想要轉入省立
第一師範學校。但因師範學校係公費，
學生有地區的限制，轉學的事因而成為
泡影，韋叢蕪乃前往岳州湖濱中學就
讀；李霽野則在韋叢蕪大哥韋鳳章所辦
的商品陳列所義務看櫃臺。在安慶一年
中，霽野與叢蕪兩人曾先後在當地《評
議報》及《皖報》上辦過幾期《微光週
刊》，主要言論在攻擊封建制度，宣傳
新文化。

一九二三年春時，韋素園已自蘇聯短期留學回來，繼在北京俄文法政專門學校就讀；臺靜農也自漢口中學退學，來到北京大學旁聽。李霽野與韋叢蕪因而動念到北京求學。兩人來到北京後，先自修英文半年，旋於是年秋雙雙插班考入崇實中學高中部二年級，迄一九二五年夏畢業，同年秋，兩人又雙雙直升燕京大學，同在國文系就讀。

李霽野利用一九二四年的暑假，譯完俄國安特列夫的劇本《往星中》，並請小學同學張目寒送請魯迅指教。一九二五年八月底，由於魯迅的建議，「未名社」在北京成立了，成員有魯迅、曹靖華、韋素園、韋叢蕪、臺靜農及李霽野等六人，後四人誼屬同鄉同學，在後來文壇上有「未名四傑」美稱。「未名社」成立時的主要目的是印行社員自己的翻譯作品，因為當時的一般書店出版社多不肯印行青年人的譯作，特別不肯印劇本和詩集，因為不容易銷售。因此，「未名社」初期的活動係發行《莽原》半月刊與《未名》

民國九十年八月十五日與李霽野先生留影

半月刊，以及出版《未名叢刊》。後者，專收社員譯作，先後出版了俄國、北歐、英國等文學作品十九種，其中李霽野譯作佔五種（詳後）。後來，部份社員開始從事創作，「未名社」也自一九二七年三月起另編《未名新集》，陸續出版社員著作六種，其中李霽野著作佔一種，即他一生唯一的一本短篇小說集《影》，收〈露珠〉、〈革命者〉、〈回信〉、〈生活〉、〈嫩黃瓜〉、〈微笑的臉面〉等六篇。「未名社」發展到一九三一年五月，因經濟困難與社員間思想分歧而終止活動，迄一九三三年春正式解散。

在臺靜農先生的回憶中，李霽野對「未名社」的功勞最大，當時韋氏兄弟均患有嚴重肺病，不能勞累，「未名社」由出版至門市幾乎全靠李霽野一人來支撐。為了「未名社」，李霽野最後連學業都賠上去了，自一九二七年秋向燕大辦理退學，苦心經營「未名社」事業。

自一九二七年秋起，李霽野開始踏入杏壇，先在北京孔德學校及中法大學孔德學院（即社會科學院）教英文；一九三〇年秋，由友人李何林及朱肇洛（燕大國文系學長）推介，前往天津河北女子師範學院擔任英文系主任兼教授，迄抗日戰爭爆發止。其間，曾於一九三五年九月起休假一年，前往英國，看些在國內看不到的書刊，以及英國的風光和社會，再經由法國、意大利回國。

在忙碌的教學當中，李霽野一直未忘情於世界名著的翻譯工作。一九三〇年夏譯成《被侮辱與損害的》；一九三四年譯成《簡愛自傳》；一九三五年暑假譯成《我的家庭》；一九三七年初開始翻譯一百二十萬字的《戰爭與和平》。其中，成名譯作《簡愛自傳》譯完後，經魯迅介紹，先在鄭振鐸主編的《世界文庫》月刊四至十二期

（一九三五年八月～一九三六年四月）連載，隨後於一九三六年九月，由上海生活書店出版單行本。《簡愛自傳》，後來於一九四五年一月，由重慶文化生活出版社收入《譯文叢書》時，改名為《簡愛》行世。

一九三七年七月二十日，李霽野在隆隆炮聲中結了婚。新娘劉文貞係天津人，為李霽野學生，一九三四年夏自河北女師院第一屆英文系畢業。婚後，在天津住了一年，這段期間他幾乎都在譯書。

一九三八年秋，北平輔仁大學成立女生部，李霽野應邀前往在西洋語文學系任教，前後四年半，當時輔大西語系主任為已故的英千里先生，學生中有名女作家張秀亞女士。多年後，張秀亞女士曾經為李霽野寫過〈我的一位老師〉一文，收於三民版《我與文學》一書中，這是我在臺灣看到過的唯一一篇回憶李霽野先生的文章。

一九四〇年夏，李霽野花了四年半工夫終於譯成托爾斯泰的《戰爭與和平》，譯稿係分期寄給中華教育文化基金會編譯委員會設在九龍的辦事處，可惜這份稿子不幸於太平洋戰爭日軍進佔香港時遺失了。

一九四三年元月，李霽野以「抗日份子」之嫌，隨時有被北平日本憲兵隊逮捕的危險，乃隻身逃亡，歷經險阻，始於四月初抵達重慶。五月，前往北碚復旦大學代曹禺的課，課餘譯成吉辛的《四季隨筆》，後分四期在孫晉三主編的《時與潮文藝》月刊上登出。

一九四四年三月，應邀前往白沙國立西南女子師範學院任英語系主任兼教授兩年，學校同事中有國文系教授兼國文專修科主任臺靜農，以及魏建功、金瓊英（女）、舒蕪（方重禹等）等。有老友在，李霽野感覺在這裏生活十分愉快，工作也很順利，業餘譯成《虎皮武士》及《化身博士》兩書，此外還用五七言絕句譯出古波斯詩人莪默的

《給少男少女》

《四季隨筆》

《魯拜集》。在白沙女師院時李霽野曾為學生做過六次課外講演，講辭後來集印為《給少男少女》，一九四九年一月，由上海文化生活出版社印行，列為《水星叢書》之一，成為他的第一本散文集。此書兩年前由此間新雨出版社重印時，將書名改為《愛與人生》，這是臺灣第一本署上李霽野名字的創作。

一九四六年三月，各學校機關均在忙著復員，李霽野也離開白沙，經川陝公路、隴海鐵路、津浦鐵路，再由浦口、南京回到故鄉葉集與家人團聚，這段路程，整整花了兩個月工夫。

同年十月中旬，應許壽裳之邀，夫婦倆來到臺北，李霽野擔任臺灣省編譯館編纂，負責編譯西洋文學名著；劉文貞則在臺北師範學院附中教書。

一九四七年一月及六月，李霽野翻譯的《四季隨筆》和劉文貞翻譯的《鳥與獸》（英國作家哈德生著散文集），先後由臺灣省編譯館印行，列為「名著譯叢」第一、第二兩種。事實上，臺灣省編譯館在「二二八」事變後，已於五

月時被魏道明宣佈解散。李霽野乃於同年秋轉到臺灣大學外文系教書，迄一九四九年四月止，在臺期間前後為兩年又五個多月。在臺大任教時，同事中有臺靜農、李何林等老友，可時相暢談。

一九四九年五一節前夕，李霽野夫婦經由基隆、香港回到他的第二故鄉天津。同年九月起，李霽野在南開大學任外文系主任兼教授，後改俄文系主任，迄今已逾四十年。其間，曾於一九五六年參加文化代表團訪問意大利、瑞士和法國，回國後有《意大利訪問記》一書問世。目前仍擔任全國政協委員、天津市文聯主席、天津外國文學學會理事長、天津翻譯工作者協會名譽會長等職務。

李霽野幾十年來孜孜不倦，翻譯、介紹一系列世界文學名著，在海峽兩岸均有很高的聲譽。此外，由於早年受到魯迅的提攜及參加「未名社」的因緣，李霽野在晚年也出版了幾本回憶魯迅與「未名社」的書，現將其早期譯作介紹

《鄉愁與國瑞》

如後，以供研究者參考：

1. 《往星中》：俄，安特列夫著，四幕劇，一九二六年五月，北京未名社初版。

2. 《文學與革命》：俄，托勒茨基著，與韋素園合譯，一九二八年三月，北京未名社初版。

3. 《黑假面人》：俄，安特列夫著，二幕劇，一九二八年三月，北京未名社初版。

4. 《不幸的一群》：俄國短篇小說集，一九二九年四月，北平未名社初版。

5. 《近代文藝批評斷片》：一九二九年七月，北平未名社初版。

6. 《被侮辱與損害的》：俄，陀思妥夫斯基著，長篇小說，一九三一年四月，上海商務印書館初版。

7. 《我的家庭》：俄，阿克撒科夫著，長篇小說，一九三六年五月，上海商務印書館出版。

8. 《虎皮騎士》：俄，羅斯泰凡里著，長篇史詩，一九四四年七月，重慶南方印書館出版。

9. 《化身博士》：英，史蒂文生著，長篇小說，一九四七年三月，上海開明書店出版。

原載臺北《文訊月刊》55期，民國七十九年五月一日出版。

第一位《荒原》的譯者——趙蘿蕤

趙蘿蕤女士是著名的新月派詩人陳夢家（一九一一～一九六六年）的夫人，長期從事英美文學的研究和翻譯。目前住在北京，除擔任北京大學英語系教授，博士生導師、全國外國文學研究會理事、美國文學研究會常務理事、北京英國文學學會顧問等職外，同時也是中國作家協會會員。

趙蘿蕤女士係一九二一年五月九日（陰曆三月廿三日）出生於浙江杭縣，三個月後即移家蘇州。父親趙紫宸（一八八八～一九七九年），浙江德清人，是位虔誠的基督教徒、神學者。一九一〇年自蘇州東吳大學畢業，一九一四年去美國留學。一九一七年在獲得梵德比（Vanderbilt）大學文學碩士與神道學博士學位後，即回母校東吳任教授。

趙蘿蕤女士自云七歲即開始學英語，但在她考上大學之前，最喜歡的功課還是中文。她曾回憶道：「（學生時代）喜歡《唐詩三百首》和《古文觀止》，讀這兩本書常常

趙蘿蕤女士／沈建中攝影

是用唱的，即帶著調子地朗誦，而學英文則是額外負擔，需要在老師的壓力下苦惱地學。」

一九一九年，趙蘿蕤女士上蘇州教會學校景海女子師範附屬小學，七年的課程五年即唸完，一九二四年秋，升上景海女師，並在國文會考時名列第一。一九二五年冬，剛留法歸國且新婚的蘇雪林女士來景海擔任國文科主任，趙蘿蕤女士的作文即深受老師蘇雪林的賞識，滿紙是雙排紅圈。即使是在六十多年後的今天，趙蘿蕤女士還向筆者津津樂道此往事，並不勝懷念遠在臺灣的蘇老師。

民國九十一年十一月二十四日拜訪趙蘿蕤女士

一九二六年春，讀完初二上學期時，即因父親應燕京大學校長司徒雷登之聘，全家移居北京。父親於三月起任燕大哲學系教授，後改任宗教學院教授，一九二八年秋起擔任宗教學院院長，前後歷時二十餘年。趙蘿蕤則於是年秋始插入新成立的燕大教育系附屬女子高級中學二年級，迄一九二八年夏畢業。

一九二八年秋，趙蘿蕤女士考入燕京大學她所喜愛的國文系。肄業兩年後，英語老師說服她改入英文系，說中國文學可以自修，但外國文學如學得好，則能使中國文學學得更好。這一轉系，也因而改變了她的一生。這時的趙蘿蕤自承英語成績僅係中等而已，然而轉系之後，努力加強英語學習，加上原有的優良中文根砥，「無意之中為後來的翻譯工作作了準備。」

一九三二年夏，趙蘿蕤女士自燕大英文系畢業。是年秋，與曹葆華兩人考上清華大學外國語文研究所。在研究所的三年肄業期間，趙蘿蕤女士是導師葉公超的得意門生。之後，她又回到燕大任英文系助教兩年，以迄抗日戰爭爆發為止。其間，於一九三六年一月十八日與相識已四年的陳夢家在北平結婚。

趙蘿蕤女士在〈我是怎麼翻譯文學作品的〉一文中曾經說道：「三○年代後半四○年代初我主要寫新詩、散文和文學論文，刊載在抗戰時流行的後方報刊上。但是一九三六年，戴望舒先生約我翻譯艾略特的《荒原》一詩則是我第一次正經翻譯文學作品。」

《荒原》一書譯成之後，終於抗戰前夕，即一九三七年六月一日由上海新詩社印行三百五十冊，列為戴望舒主編的《新詩社叢書》第一種。

艾略特的長詩《荒原》，原作非常費解，要譯成讀得來的中文，更談何容易。迄今為止，國內已有數位名家嘗試過翻譯《荒原》這首名詩。而趙蘿蕤女士則是最早的第一人。這種篳路藍縷之功，是不可沒的。

現代派詩人也是翻譯名家的戴望舒，曾在上海《新詩》月刊的廣告上對趙蘿蕤女士的譯作大力推介：「《荒原》是英國現代大詩人艾略特的代表作品，發表以來，震撼了全世界的詩壇。因為逐譯不易，所以國內至今沒有一個譯本。現在趙蘿蕤女士以極大的努力將它譯出，並附以三萬餘言的註釋，譯筆流麗暢達，註釋精細詳明。卷首有葉公超先生序言，對作者作精密的研究，並附有作者肖像，均為此譯本增色不少。」

《荒原》出版三年半後，出身光華大學英文系，也是錢鍾書好友的新詩人兼批評家邢光祖在《西洋文學》月刊第4期（一九四〇年十二月一日）給予高度評價如下：

（從上文）已經說明了翻譯艾略特詩之重要和其委曲的特質，無形中已是隱示著趙女士這本翻譯的偉大嘗試。不過更使人驚奇的就是在原詩三百三十四行中譯本裏絕無一絲兒曲解原意的地方。我們如其相信原作艱深和翻譯的成功互成正比的話，趙女士的譯本顯然地已經攀登功成的高峰。她已經把她和原作者間的迷霧──原作的才氣，題材的性質和處置，藝術的手腕等──加以澈底的廓清，譯者和原作者已是化而為一，這種神奇的契合便是翻譯的最高標準。趙女士所採的方法

是直譯法，非特是行行對譯，而且是字字直譯。因為祇有直
譯纔能保存原著的氣息，蘊涵原作每一個shade of meaning。這
一點我們可以把譯本和原著對較一下便可以見到。

　　《荒原》譯作在十年前，又經趙蘿蕤女士悉心修訂後，分別選
刊於一九八○年出版的《外國文藝》雙月刊第三期，以及上海文藝社
《外國現代派作品選》第一冊上。

　　抗戰期間，趙蘿蕤隨夫婿陳夢家遷徙至雲南昆明，陳夢家在西南
聯大國文系任教；趙蘿蕤女士則在一九三九至一九四四年中，斷斷續
續在雲南大學和雲大附中教書；一九四三年，為了增加點收入，曾由
英文將意大利作家西隆涅（Ignazio Silone）的長篇小説《死了的山村》
（Fontamara）譯出，並於是年八月由重慶獨立出版社印行。

　　一九四四年秋，趙蘿蕤女士又隨陳夢家來到美國芝加哥，陳夢家
在芝大教授中國古文字學，三年後，先於一九四七年初秋回國，在清
華大學任教。趙蘿蕤女士則在芝大深造，研究英美文學，一九四六年
夏獲得碩士學位。二年後，再以論文《鴿翼的淵源》（The Ancestry of
the Wings of the Dove）獲得博士學位。

　　《鴿翼》係美國著名的心理分析小説家亨利·詹姆士（一八四三～
一九一六年）寫於一九○二年的後期代表作品。一九四九年，趙蘿蕤女
士學成歸國後，即到燕京大學西語系任教兼系主任一年。一九五二年
秋起至今則一直在北京大學西語系後轉英語系任教授。

　　一九五七年五月，趙蘿蕤女士將所譯美國詩人朗費羅長詩《哈依
瓦撒之歌》交由北京人民出版社印行。

《歐洲文學史》

《荒原》

一九六四年一月，多人合作的《歐洲文學史》（上下冊）由北京人民文學出版社初版，下冊部份係由趙蘿蕤女士主編撰寫。

一九六六年九月三日，夫婿陳夢家受到文革及革命修正主義路線的殘酷迫害，與世長辭。趙女士悲痛逾恆，幾至失常。

文革之後，趙女士重新提起譯筆。譯作除了前述修訂《荒原》外，還有刊載於一九八一年《外國文藝》第一期上的兩篇亨利・詹姆士著名中篇小説《黛西・密勒》和《叢林猛獸》。其後，她傾全力譯成美國詩人惠特曼的全部《草葉集》，並於一九八七年九月由上海譯文出版社將其中最著名的一首長詩《我自己的歌》印出，列為該社《外國詩歌叢書》之一。

作為一個西洋文學的研究與翻譯者，趙蘿蕤女士對文學作品的翻譯有她自己獨特的看法。她主張直譯法，這但是她從事文學翻譯以來使用的唯一方法。她認為直譯法是根據內容與形式統

一這個原則。並認為：「形式是內容的重要的一部份，譯者沒有權利改造一個嚴肅的作家的嚴肅作品，只能是十分謙虛地、忘我地向原作學習。……形式為什麼重要是因為它能夠最完備地表達內容。」因此，她堅持主張直譯法，最大的原則與目的係要「竭力忠實於原作的思想內容與藝術風格。」

最後，我們拭目以待她所力譯的《草葉集》能儘早與讀者見面。

原載臺北《文訊月刊》62期，民國
七十九年十二月一日出版。

附註：

趙蘿蕤譯《草葉集》，經於一九九一年，由上海譯文出版社印行。

《我的讀書生涯》書影

張道藩的一生及其對文藝的貢獻

他的一生

張道藩幼名振宗，譜名道隆，後遵父囑改名道藩，取字衛之。清光緒二十三年六月十三日（公元一八九七年七月十二日）生於貴州省盤縣。道藩幼承庭訓，五歲至十四歲時，在父親創辦的崇山私塾讀書，又先後從伍光表、任雨蒼等名師學習。十載寒窗苦讀，奠定其古典文學基礎。

宣統三年春，道藩年十五，開始接受新式教育，考入盤縣高等小學一年級，迄民國三年冬畢業，共肄業四年。民國四年春，因家貧未能繼續升學，乃到鄰縣普安擔任縣立兩等小學校教員兼初等管理一年。民國五年夏，由當時擔任國會參議院議員的五叔張光煒（蓮仙）資助，才得前往北京設法繼續深造。九月，考入當時極富盛名的天津南開中學。在就讀南開的一年當中，道藩的繪畫才能即深受任課教師賞識，對他後來赴英習美術有很大影響。

現代文壇繽紛錄

民國六年暑假，因張勳復辟，國會隨之解散。道藩五叔也因此失業無力再資助其讀書。同年秋，道藩不得已自南開輟學。隨即在另一族人引薦下，前往綏遠包頭擔任菸酒專賣局包頭分局之徵收員，期間自六年十月起，迄八年七月止，將近有兩年之久。業餘時間，除勉力自修英文外，另向上海一所函授學校通信學習，絲毫未放棄繼續升學的志趣。

民國八年秋，張道藩再入南開中學就讀。不久，吳稚暉先生適巧來南開講演，由學生愛國運動講到留法勤工儉學，啟發道藩前往法國留學的念頭。

八年十一月二十二日，張道藩與盛成、蘇汝淦、黃齊生等四十人搭乘英輪「勒蘇斯」號（Rhesus）由上海啟程前往法國。九年一月九日，船先抵倫敦時，留英學生會派任凱南、吳小篷等人來接，並說服道藩等人留在英國唸書，而不要去法國勤工儉學。此次一行四十人中，貴州籍佔十一人；又肄業南開者

張道藩在抗戰勝利初
期留影

佔八人。後來決定留下在英國唸書者有十五人，繼續渡海前往法國者有十九人。

從九年春起，張道藩先在曼徹斯特維多利亞公園學校補習英文半年；繼於九年暑期後考入倫敦西南郊之克乃佛穆天主教學院，求學一年。惟此時，張道藩已顯露出對於美術的深深愛好。因此，在十年九月，張道藩放棄了原先實業救國的念頭，毅然考入倫敦大學大學院美術部思乃得學院專攻美術，並選定繪畫為正科，裝飾畫為副科，歷時三年，終成為該校美術部第一個獲得畢業文憑的中國學生。

留英期間，張道藩認識了陳源、傅斯年、邵元沖、劉紀文等人。由於邵、劉兩人的引介，張道藩在十二年冬加入中國國民黨；翌年春並當選為倫敦支部評議長，開始努力發展黨務。對於道藩非常器重的劉紀文（一八八〇～一九五七年），是引領道藩由美術領域走向政治之路的關鍵人物。

張道藩自思乃得學院畢業後不久，隨即於十三年九月離開灰暗多霧的倫敦，來到風光明媚的巴黎，更求藝術的深造。抵法後，張道藩即進入法國立巴黎最高美術專門學校繼續學畫。此時，他一面學畫，一面參加中國國民黨駐法總支部的黨務活動。同時，因為認識徐悲鴻的關係，他也加入一個別開生面的文藝團體「天狗會」。

「天狗會」係十年八月成立於巴黎，名稱仿自兩年前在上海成立的美術團體「天馬會」。該會主要會員有謝壽康、徐悲鴻、邵洵美、郭有守、孫佩蒼、蔣碧微等，此外如畫家江小鶼、常玉，以及劉紀文等也都是會員。

是年聖誕節，張道藩在一次舞會中認識了法國小姐Suzanne Grimonprez。十五年四月，他們即在巴黎訂婚，道藩為她取個中文名字叫郭淑媛。在法國不到兩年的留學期間，張道藩也認識了羅家倫、周炳琳、段錫朋、童冠賢、何思源等，他們大抵在美歐學成歸國前，特來巴黎遊歷的。此外，也有原在巴黎求學或學畫的張厲生、許德珩、勞君展、魏璞完、潘玉良等友人。

　　此外，在十五年五月，張道藩有三幅人像油畫入選在法國各種美展中最受人矚目的法國國家沙龍春季美展，這也是他一生學畫當中所獲得的最高榮譽。三幅畫中，兩幅是倫敦時期作品；另一幅係為郭淑媛所畫的半身像。

　　十五年五月十七日，張道藩與邵洵美一同離別巴黎，再由馬賽搭船回到闊別將近七年的祖國。

　　十五年六月下旬，張道藩在北伐前夕抵達上海。抵滬後，即應上海美專校長劉海粟之邀，作有關「人體美」的長篇專題講演，講辭並由上海幾家大報連載多天，以是觸怒上海道尹危道豐。適劉紀文應北伐軍蔣總司令電邀回國，擔任廣東省政府農工廳廳長，劉又懇請道藩前往幫忙。張道藩乃由上海前往廣州，於八月一日起開始擔任學成歸國後的第一個職位——廣東農工廳祕書，這也是他參加革命行列從政的開始，這年他剛好是三十歲。十月間，劉紀文奉調前線，由道藩代理廳務。同月二十日，新廳長陳孚木上任，張道藩在辦理移交後離職。

　　十五年冬，張道藩奉派為國民黨貴州省黨務指導員，於十二月初由廣州前往貴陽籌組貴州省黨部。不意，貴州軍閥周西成表面同情北

伐軍，實則對革命青年既懷疑，又害怕。十六年五月初，周西成強迫張道藩交出秘密通訊用的電碼不果後，即將其逮捕嚴刑逼供。張道藩終不為所屈，嗣於九月中設法逃出貴陽，經廣州、香港，於十一月中旬回到上海。

十七年春，張道藩由上海來到南京。三月初，經陳果夫、劉紀文兩人推薦，擔任國民黨中央組織部秘書，時組織部部長由蔣中正兼任，這是道藩在中央服務的開始。

同年九月二日，張道藩與郭淑媛在上海結婚。十月，兼任南京市黨部監察委員。十二月，又繼姚鵷雛擔任南京市政府秘書長，時南京市長即為上任未及半年的道藩好友劉紀文。

十八年三月，張道藩出席國民黨第三次全國代表大會，當選為候補中央執行委員。四月中旬，辭去中央組織部秘書職。十一月初，再辭去南京市政府秘書長職。十二月，奉派為江蘇省黨務整理委員，襄助主席鈕永建重整全省各縣市黨部，工作極為繁重。翌年六月因病攜眷赴青島休養。八月，受聘擔任剛成立之國立青島大學教務長，夫人郭淑媛亦應聘任法文講師。時楊振聲擔任青島大學校長，聞一多擔任文學院院長兼中文系系主任，梁實秋擔任外文系主任兼圖書館館長，方令孺女士則方由美國學成回來，擔任中文系講師。

十九年十二月中，張道藩奉蔣主席兼行政院院長之命，出任浙江省政府委員兼教育廳廳長，前後任職有一年之久。

二十年六月，陳立夫繼蔣中正擔任中央組織部部長，張道藩與余井塘兩人奉派兼任副部長。自此起，張道藩得每星期往來於杭州、南京之間，以三天時間在教育廳辦公，另外三天則在組織部服務。二十

年十二月中，辭去浙江教育廳長職，此後即專心在南京辦理黨務工作，迄二十四年十二月組織部改組為止。

二十一年起，張道藩在繁重的黨務工作外，又開始踏入文教界，積極參與各種活動，終於在戲劇、電影、美術三方面有卓著貢獻。

二十一年五月四日，以國民黨黨員作家為基礎而成立的「中國文藝社」在南京華僑俱樂部進行改組，公推中央執行委員會秘書長、前中央宣傳部部長葉楚傖為理事長兼社長；選出張道藩、王平陵、徐仲年、朱應鵬、范爭波、黃震遐、華林等為理事，這是張道藩踏入文藝界的第一步。「中國文藝社」原成立於十九年七月，以創刊《文藝月刊》，聯誼作家，舉辦各種文藝活動，出版叢書為主要任務。張道藩的主要戲劇作品如《第一次的雲霧》（譯作，修正稿）、《自誤》（五幕劇）、《密電碼》（劇本及電影劇本）、《狄四娘》（改寫）、《最後關頭》（四幕劇）等均先在《文藝月刊》上發表，後來再發行單行本的。

接著，在二十一年七月八日，國民政府為響應國際聯盟「國際文化合作委員會」呼籲提倡國際教育電影的合作、交換、宣傳，特在南京教育部發起成立「中國教育電影協會」，大會選出陳立夫、段錫朋、郭有守、羅家倫、徐悲鴻、方治、田漢、洪深、歐陽予倩及張道藩等為執行委員。翌年四月，張道藩又兼任國民黨中央電影事業指導委員會委員，這是張道藩與教育電影界淵源的開始。

二十二年十一月十二日，「中國美術會」在南京正式成立，這是三〇年代規模最大的全國性美術團體，由于右任、王祺、張道藩、高希舜、李毅士、章毅然、湯文聰、陳之佛、梁鼎銘等九人當選為第

一屆理事，組成理事會；又選張道藩為總幹事，實際負責主持會務，這也是他負責推展全國美術運動的開始。二十五年一月，該會曾創刊《中國美術會季刊》，迄二十六年一月，共發行四期。

二十一年十二月，張道藩又開始出任公職。先是繼俞飛鵬擔任交通部常務次長，迄二十五年四月辭職為止，時部長先後為朱家驊及顧孟餘。

其間，張道藩曾於二十四年六月與十二位中央委員建議在南京創辦國立戲劇學校，並在十月該校成立時擔任校務委員會主任委員。又於二十四年十二月七日，與褚民誼一同出任新成立之國民黨中央文化事業計劃委員會副主委，時主委為陳果夫。

二十五年二月，張道藩又繼許修直擔任內政部常務次長，迄二十七年一月調任教育部常務次長為止。其間，又同時擔任內政部中央古物管理委員會主任委員。

二十六年四月一日，第二屆全國美展在南京新建的中央美術陳列館揭幕，展期共二十三日，此次美展的籌備委員會主任委員即為張道藩。展覽期間，全國各地美術家三百六十八位齊集首都，於四月十九日共同發起成立「中華全國美術會」，會員包括書畫家、雕刻家、建築家、美術教育家、美術史學者、美術批評家等。在成立會上，張道藩被推為理事長。可惜，不久即因抗日戰爭爆發，因會員分散各地，會務一度停頓。

抗戰軍興，政治、文化中心先移武漢，再遷重慶。張道藩在抗戰開始之後，逐漸將心力投入文藝界，並在此後三十年成為中國國民黨在文藝政策及執行方面的最高負責人。

二十六年十二月底，「中華全國戲劇界抗敵協會」在漢口成立，形成全國戲劇界人士的大團結，張道藩、方治、王平陵、田漢、陽翰笙、洪深、熊佛西、余上沅、歐陽予倩、趙太侔、李健吾等被推為理事，並議定每年十月十日為「戲劇節」。

二十七年一月二十九日，「中華全國電影界抗敵協會」在漢口成立，張道藩除在大會講話外，並被選為理事。

同年三月二十七日，「中華全國文藝界抗敵協會」在漢口成立，張道藩是重要的發起人，是日除擔任主席團外，並被選為理事。

同年六月六日，「中華全國美術界抗敵協會」在武昌成立，以汪日章為主任理事，張道藩是該會成立的主要策劃人及名譽理事。

張道藩除了代表中國國民黨參加上述四個文藝協會並擔任理事外，並在民國二十七年一月十四起，由內政部常次調任教育部常次，迄二十八年八月十八日止。在教育部內，除任常次外，張道藩還分別於二十七年八月起擔任教科用書編輯委員會主委，迄二十八年五月止；二十八年四月起擔任音樂教育委員會主委，迄二十九年五月止；二十九年四月起連任三屆學術審議委員會常務委員，迄卅八年夏止；二十九年十二月起擔任美術教育委員會主委，迄三十一年二月止。張道藩是勇於任事的人，在他擔任教育部內各種職位時，對於教科書的編輯，抗戰劇本的徵印，巡迴戲劇教育隊的成立，音樂師資的訓練，實驗巡迴歌詠團的成立，美術作品的獎勵等均有卓著貢獻。

二十七年四月，張道藩奉派兼任中央黨部新成立之社會部第一任副部長，迄二十八年十一月止，時部長為陳立夫。

二十八年九月，張道藩接周炳琳繼任重慶中央政治學校教務主任；二十九年八月，又繼陳果夫擔任教育長迄三十二年二月止。

在張道藩任職中央政校的三年又五個月期間，張道藩又先後接掌幾個文藝機構團體，使得他實質上成為國民黨在文藝方面的最高負責人。

一、二十九年四月二十四日，「文藝獎助金管理委員會」在重慶成立。該會原由中央社會部、宣傳部、教育部、政治部、振濟委員會、青年團中央團部等機關及文化界有關人士合組而成，推定中央社會部長谷正綱等為常務委員；並聘請張道藩、郭沫若、老舍、程滄波、王芸生、林風眠、王平陵、華林、胡風、姚蓬子、李抱忱等十一人為文藝界委員，由中央撥十萬元基金，辦理全國文藝界貸助金事宜。該會成立後，事實上由張道藩負總責；三十二年秋起，經有關機關決定移歸「中央文化運動委員會」接辦，並改派張道藩為主任委員，洪蘭友為副主任委員。

二、二十九年五月十九日，「中華全國美術會」在重慶重新改組成立，以「聯絡全國美術家感情，集合全國美術界力量，研究美術教育，推動美術運動。」為立會宗旨。該會理事長為張道藩，理事有徐悲鴻、陳之佛、傅抱石、汪日章、呂斯百、黃君璧、謝稚柳、張書旂、吳作人、潘天壽等。該會並通過提案如決定九月九日為美術節；請教育部舉辦第三屆全國美展；請教育部撥款獎勵抗戰時期美術品等。

三、三十年二月七日，「中央文化運動委員會」（簡稱「文運會」）在重慶正式成立，隸屬中央宣傳部，並聘張道藩為主任委員，潘公展、洪蘭友為副主任委員。嗣潘公展於三十二年十月辭職，由胡一貫補其職。「文運會」初成立時，名義上雖隸屬於中央宣傳部，實

際上係獨立作業，相當於中央的一個文化部會。三十二年九月，國民黨五屆十一中全會即將「文運會」編製擴大，提升直屬中央執行委員會，仍由張道藩負責，以迄三十八年夏「文運會」撤銷止。

張道藩經由上述三個機構團體，並代表國民黨中央，長期與全國文藝界人士接觸，舉辦各種活動，創辦刊物，贊助獎勵作家生活及作品出版等，是他一生當中對文藝界貢獻最大的一個時期。

三十一年二月，蔣委員長訪問印度，張道藩與王寵惠、董顯光、周至柔、商震、俞國華等均為訪問團成員之一。

同年十一月，張道藩調長中央宣傳部長（仍兼政校教育長，迄卅二年二月止。）以董顯光、程滄波為副部長，迄三十二年十月為止。時當戰時，中宣部責任艱鉅，張道藩處事縝密，深思熟慮，一年之中，總算沒有出過紕漏。

三十二年十月，張道藩調任中央海外部部長，迄三十三年十一月為止。期間，他曾親赴雲南、貴州、廣西一帶，宣撫由南洋一帶撤退回到祖國的僑胞。

三十三年十一月底，日軍陷桂林，佔柳州，並向貴陽方向進犯，震動大後方。而原來留在湘、桂的大批文化界人士則在倉皇中成為難民經由貴陽逃向重慶。十二月初，張道藩奉命趕赴貴陽前線，負責指揮臨時成立的中央戰時服務督導團，並配合社會部辦理從湘、桂撤退出來的文化人救濟工作，迄三十四年二月初旬才以任務達成，回到重慶。此次搶救文化人，即深為文化界所稱述。

三十四年春，張道藩應陳布雷之邀，曾短期兼任軍事委員會侍從室第二處副主任，迄九月底侍從室結束為止。事實上，在抗戰勝利後

的四年間，張道藩的主要工作仍在主持「文運會」，並在三十五年四月隨政府還都以後，陸續在各主要省市成立分會以策劃開展全國文化工作。

三十五年六月，中央電影企業公司成立，張道藩膺選為董事長；同年十一月，在南京拜名畫家齊白石為師。三十六年一月，「國際文化合作協會」在南京成立，目的在配合外交與僑務合作，加強海外文化工作，張道藩當選為理事長。三十七年一月，當選為貴州第二區立法委員；三月，「文運會」與國防部新聞局合作，在中央訓練團設置民間藝術訓練班，分為文學、戲劇、樂舞、雜技四組，訓練期間半年，畢業後即派任軍中文宣工作。張道藩親任該班指導委員會主委，安排所有課程及師資；十一月，徐蚌會戰，張道藩由南京率領前線將士慰勞團，親赴碾莊等前線慰問作戰將士。

三十八年一月以後，大陸局勢逆轉。張道藩於四月下旬從上海飛往廣州。後來在某次中央常會中，提議裁撤「文運會」，將原有業務歸併到中央宣傳部，結束了成立八年半之多的「文運會」。

三十八年十二月底，中國廣播公司在臺北改選，張道藩當選為董事長，董顯光為總經理，曾虛白為副總經理，迄四十三年五月卸任，中廣已奠定了堅實基礎，譽之者稱中廣為「有口皆碑」、「無遠不屆」。

來臺後，張道藩仍然念念不忘文藝。首先，在三十九年三月一日於臺北市創設「中華文藝獎金委員會」（簡稱「文獎會」），由張道藩、程天放、陳雪屏、狄膺、羅家倫、張其昀、胡建中、陳紀瀅、李曼瑰等九人組成，並推張道藩為主任委員。「文獎會」成立宗旨為「獎助富有時代性的文藝創作，以激勵民心士氣，發揮反共抗俄的精

神力量。」「文獎會」因經費關係於四十六年七月結束，在七年又四個月中，獲獎及從優獲得稿費的作家約在千人以上，對於臺灣五〇年代文藝思潮的形成，產生了鉅大的影響。

接著，在三十九年五月四日於臺北市成立「中國文藝協會」（簡稱「文協」）。該會實係由張道藩、陳紀瀅、王平陵等人發起，成立宗旨為「團結全國文藝界人士，研究文藝理論，從事文藝創作，展開文藝運動，發展文藝事業，實踐三民主義文化建設，完成反共抗俄復國建國任務，促進世界和平。」「文協」成立時共有會員一百五十三人，會中不置理事長，僅選張、陳、王三人擔任常務理事；謝冰瑩、許君武、耿修業、馮放民、傅紅蓼、孫陵、梁中銘、徐蔚忱、趙友培、王藍、王紹清、顧正秋等十二人擔任理事。每年互推值年常務理事一人，負責該年推行會務之全責，另設總幹事一人負責執行決議及一般會務工作。「文協」曾先後設置了小說、詩歌、散文、音樂、美術、話劇、電影、戲曲、攝影、舞蹈、文藝論評、民俗文藝、新聞文藝、廣播電視文藝、國外文藝工作、文藝翻譯、大陸文藝工作、文藝研究發展等十八個委員會。此外，「文協」還先後設有南部、中部等分會。「文協」係政府遷臺後最早成立、規模最大、活動最多的全國性文藝社團。早期經常舉辦各種文藝研習班，培養新進作家；倡導軍中文藝運動；發起文化清潔運動；舉辦聯誼活動，團結文藝人才。因此，可以肯定地說，「文協」的創立，對於臺灣復興初期的文藝工作者，有極大的鼓舞作用。

同年八月五日，國民黨成立「中央改造委員會」，張道藩與曾虛白同是十六個委員之一；十月，接任黨營《中華日報》第二屆董事

長。在任職的一年當中，張道藩求社論與副刊並重，並指示編輯部增設《中學生週刊》，專供各中學愛好寫作的青年投稿，也定期舉行投稿人座談會，討論讀書與寫作問題。

四十一年三月，張道藩繼劉健群擔任立法院院長，迄五十年二月獲准辭職止，歷時九年，這也是他一生當中政治生涯的最高峰。在院長任內，他盡心盡力，任勞任怨，充分發揮議長的功能，也表現了他鉅細靡遺的行政幹才。此外，他大公無私的清操雅範，和廉潔刻苦的一貫作風，更贏得全院同仁一致的讚揚。

除了擔任立法院長外，自四十一年十月，經四十六年十月，迄五十二年十一月，張道藩曾連任國民黨七、八、九三屆中央常務委員，直至五十七年六月病逝為止。很值得在此一提的是，張道藩自從十八年三月起連任國民黨三、四兩屆候補中央執行委員；廿四年十一月起連任五至九屆中央常務委員，以及一屆改造委員。在去世的前四十年間，從來不曾離開過國民黨最高權力機構，可說是民國以來第一人。

在擔任立法院長期間，張道藩曾於四十五年四月率領「中華民國赴日親善訪問團」，與日本朝野廣泛交換意見。他深感日本國民對共產主義認識模糊，日本三大報紙態度親共，日本政府決策也搖擺不定，指出我國應提高警覺。

同年七月，「文獎會」因經費不足，經張道藩呈請中央准予結束，並借原址創辦中興文藝圖書館，自兼館長，每晚七到九時開放，館藏有復員還都以後迄三十八年間所搜集的各類文藝書籍約在萬冊以上，這也是當時臺灣收藏二、三十年代文藝作品最多的圖書館之一。

四十六年六月，「中華民國筆會」經我駐聯合國教科文組織代表陳源之建議與聯繫，終獲世界筆會總會同意在臺北恢復組織，並推張道藩為第一任會長，這是我國重回國際文學舞臺的開始。

　　五十年春，張道藩獲准辭去立法院長後，他替自己安排的生活計劃是，重執荒疏的畫筆，補寫積欠的文章，以中常委身份為黨盡言，以立法委員身份為民服務，以有生之年為文藝效命。可惜，事與願違，在往後的三年中多半在病中消磨，計劃大部份無法做到。

　　五十四年九月，「中山學術文化基金董事會」在臺北成立，推王雲五任董事長，張道藩及徐柏園任副董事長，聘請阮毅成任總幹事，張道藩並親自兼任文藝創作獎助審議委員會召集人。該會於翌年起，每年定期於十一月頒發一次中山文藝創作獎，以迄今日。

　　五十五年三月，國民黨九屆三中全會通過「強化戰鬥文藝領導方案」，以適應當時革命任務的要求，增進對於文藝的輔導與服務，更進一步的開展戰鬥文藝運動，使其充份發揮擔當思想作戰前鋒的功能。張道藩是該案審查組的召集人。會後，國民黨旋即成立「中央文藝工作指導小組」，由張道藩擔任第一召集人，負責協調、運用、督導、考核等工作。

　　五十六年七月二十八日，「中華文化復興運動推行委員會」在臺北成立，由蔣中正總統擔任會長，張道藩亦受聘為委員之一，他深感復興中華文化首在建立自信心，發揮創造力。

　　同年八月六日，臺北遠東圖書公司為梁實秋翻譯的《莎士比亞全集》舉辦出版紀念會，張道藩義不容辭，擔任主持人，向好友致敬。

　　同年十一月，國民黨九屆五中全會通過「當前文藝政策」，對臺灣文藝基本目標、創作路線、文藝機構、文藝經費、文藝人才、文藝工作等均提出了具體推行原則。這是我國文藝史一件劃時代的大事。這一政策的進步性，是把重點放在對文藝的積極建設、倡導、扶持、培養、獎助和服務上。「當前文藝政策」係透過張道藩精心策劃，再經大會修正通過的。為了結合政府和社會的力量來共同推動這文藝政策，由張道藩領銜在十二月發表了「我們為什麼要提倡文藝」一文來響應，連署者共有當時著名文藝人士計四十人。該文除引言和結論外，還包括：文藝與新聞、文藝與出版、文藝與教育、文藝與科學、文藝與哲學、文藝與宗教、文藝與軍事、文藝與外交、文藝與經濟等十章。文章說明其所以要談文藝與各方面的關係，乃是鑒於「過去各部門與文藝的關係失調，使文藝事業未能作正常發展；而對文藝家的生活也漠不關心，於是一部份文藝之美變質而與『偽』『惡』合污，發生了不良的影響。」

　　為了落實「當前文藝政策」，政府當局再於五十七年五月二十七至二十九日在臺北市中山堂召開「全國第一次文藝會談」，與會的文藝界人士計有二百七十七人。此次會議召開時，張道藩已在重病中，未能參加。

　　先是，五十七年四月六日，張道藩在病榻上側身取物，不幸滑落地上，跌傷腦部，旋即昏迷不醒，迄六月十二日病逝三軍總醫院，享壽七十二歲。

　　張道藩在生前曾對友人說，假如有一天走完人生最後的旅程，盡了我最後的責任，但願文藝界的朋友替我刻上這樣一塊碑：「中華民

國文藝鬥士張道藩之墓」，則他就心滿意足了。

在張道藩去世不久，臺北傳記文學出版社在同年十月一日將他未曾寫完的自傳「酸甜苦辣的回味」印成單行本，以作紀念。

他對文藝的貢獻

張道藩的文藝生涯中，最擅長的是美術，最喜愛的是戲劇，而影響國人最大的是他的文藝政策觀。以下係申述他在這三方面的貢獻。

（一）美術

張道藩自幼即對美術有深厚的興趣，他早年在倫敦及巴黎長達六、七年的求學中，學的就是西洋美術。回國多年之後，又拜國畫大師齊白石為師。他自己在《文壇先進張道藩》一書中說道「我當年留歐學畫的志願，是要採取西方繪畫方法的長處，改進我國繪畫舊有的方法，創造一種中西合璧的新中

趙友培著《文壇先進張道藩》

國畫。」他生平所作的畫不多，去世週年，即五十八年六月，曾由遺作整理委員會出版一冊《張道藩先生畫選》，共選入三十五幅，其中素描九幅、國畫八幅、水墨二幅、水彩九幅、油畫七幅。創作年代從十二歲到六十二歲止，題材包括人像、山水、花卉、動物等。同月，蔣碧微女士亦自費出版一冊《張道藩書畫集》，以完成張道藩生前囑託的三個心願之一。其中，收入素描一幅，國畫七幅，書藝四幀，創作年代從四十八歲到六十一歲止，題材僅有人像及花卉兩種。除了畫作外，張道藩問世的第一本書係譯自英人康斯特博（W. G. Constable）的《近代歐洲繪畫》（Modern European Painting），十七年八月由上海商務印書館初版，二十四年五月再版。

二十三年三月，張道藩約同中委王祺，以及中央大學藝術及哲學系教授徐悲鴻、張書旂、傅抱石、陳之佛、宗白華等在南京發起成立「中國美術會」，由張道藩任總幹事，每年均舉行美術展覽一次，除了有少數彫刻和圖案畫參加外，大多是西畫和國畫，這是道藩與國內美術界淵源的開始。

二十六年四月十九日，張道藩利用第二屆全國美展在南京新建的中央美術陳列館舉行之際，聯合全國三百六十八位畫家發起成立全國性的美術團體「中華全國美術會」。而這個美術館也是張道藩在負責籌建南京國民大會堂當中，同時策劃興建的。於此可見張道藩對於美術方面的高瞻遠矚及鉅大深遠的貢獻，「中華全國美術會」成立以後，張道藩眾望所歸地被推選為理事長。

同年六月，教育部採納「中華全國美術會」的建議，公佈全國美展辦法，規定每兩年舉辦一次，並列獎勵金作為收購美術精品之用。

此後，張道藩又參與籌組「全國美術界抗敵協會」。該會係抗戰初期在武漢發起，成員不分左右派別，大家同心協力組成的美術團體，成立時間為二十七年六月六日，這也是抗戰前期惟一的全國性美術團體；可惜該會遷移重慶後，因會員流動性大，兼又分散各地，無法正常維持工作。張道藩有鑒於此項缺失，乃於二十九年四月十四日就原「中國美術會」及「中華全國美術會」會員在重慶生生花園舉行臨時會員大會；繼於五月十九日重新組成「中華全國美術會」，張道藩以眾望所歸仍被推為理事長，再度積極推動美術運動。

「中華全國美術會」在戰時及復員戡亂時期的主要貢獻，據《第二次中國教育年鑑》上《學術文化》編上的記載，有下列各項：

（1）發動美術家作鼓勵士氣及人民同仇敵愾之宣傳畫。

（2）舉辦抗戰宣傳畫展數次，其中作品百餘幅曾由威爾基（W. L. Willkie, 一八九二～一九四四年）氏於三十一年攜赴美國展覽。

（3）三十四年在重慶舉辦勞軍美展，並以售得畫款捐獻前方將士。

（4）每年經常舉辦春、秋兩次美展。

（5）受教育部學術審議委員會委託，辦理有關美術著作獎勵事宜。

（6）發動各地美術家在主要省市成立分會，已成立者有上海、北平、武漢、山東、重慶等。

（7）協助徵集美術作品送交國外展覽。

張道藩除了擔任「中華全國美術會」理事長外，自二十九年四月起，迄三十八年秋止，連任三屆教育部學術審議委員會常務委員，又自二十九年十二月起，迄三十一年二月止，擔任教育部第一任美術教育委員會主任委員。

擔任學術審議常委時，張道藩就在二十九年五月一日的第一次大會上就「補助學術研究及獎勵著作發明」一案，提議規定在原有的「學術著作」外要加上文學創作及美術論著及作品。而「美術」則又包括1.繪畫，2.雕塑，3.音樂，4.工藝美術四項。此項獎勵，自三十年度起每年舉辦一次，受獎勵之著作、發明或作品應以最近三年內完成者為限。教育部的獎勵，對於抗戰時期的美術發展是當時最大的推動力。

擔任美術教育委員會主委前，張道藩即向教育部長陳立夫建議，由教育部成立「藝術文物考察團」，前往西北考察我國古代存留之藝術文物及著名史蹟，以輔導社會藝術教育之推進。該團於二十九年秋成立，為工作便利計，分為建築、雕刻、繪畫、工藝及民俗等部門。至於資料之搜集，則以圖畫、摹繪、石膏模鑄為主體，而以攝影、拓搨、文字記述為輔助。全體團員先後在西安、洛陽、西寧、塔爾、敦煌各地工作，歷時三年餘，行程逾萬里，收穫極為豐富。如已故國畫大師張大千就是參加研究敦煌畫藝的最著名人士。該團能在經費極度不足的抗戰中後期工作數年不輟，即係張道藩在其後擔任美術教育主委期間予以大力支援的緣故。

國民政府自成立以來，在大陸時期僅辦過三次全國美展。而第二、第三兩次均與張道藩有極大關係。第三次全國美展係三十一年十二日二十五日至三十二年一月十日在陪都重慶舉行，其籌備會及展品陳列設計之負責人均係張道藩。教育部以此次展覽會係集全國美術之精萃，為表示政府對於此項事業之重視起見，特恭請國府主席林森為名譽會長，請教育部長陳立夫為會長。此次展覽作品分為現代及古物兩大類，現代作品係向各方徵集，其內容分為書畫（書法、篆刻、

國畫、西畫、版畫等），雕塑，建築設計及模型，工藝美術、圖案設計及攝影等四組。古物係由籌備會洽請各有關機關提供，內容主要為銅器、玉器、漆器、書畫等類。此外，還特闢「敦煌藝術專室」，陳列「藝術文物考察團」兩年來在西北敦煌等處搜集摹繪所得的精品；現代作品的題材，以取與抗戰有關者為原則，其他題材之藝術作品亦酌予接受，每人以三件為限，但與抗戰有關者可加倍。總計展出現代作品六六三件，古物二七五件。展覽期間十七天，參觀人數達十萬餘人，收入所得全數充作文化勞軍之用。

（二）戲劇

做為一個文學家，張道藩係以戲劇享盛名的。他第一次發表的文學作品係譯自法國劇作家約瑟·葉爾曼（Jose Germain）的獨幕劇《第一次的雲霧》，十八年十二月初次登載於好友邵洵美主持的上海《金屋月刊》」一卷七期上。後來，曾再重譯，再次登於二十三年三月的南京《文藝月刊》五卷三期上。

張道藩的處女作是四幕喜劇《自救》，二十三年五月發表於上海《時事月報》十卷五期上。《自救》與《第一次的雲霧》後來曾於二十三年九月下旬在南京陶陶大戲院公演過，再於二十四年七月合成一書，由上海正中書局列為《中國文藝社叢書》之一初版，書名取為《自救》。這也是張道藩第一本問世的著作。

二十三年十二月，第二部作品五幕悲劇《自誤》，發表於南京《文藝月刊》六卷五、六期合刊上。

二十五年一月，寫成劇本《密電碼》。同年四月，該劇先發表於南京《文藝月刊》八卷四期上；繼於二十六年一月，由中央電影攝製

場拍成電影，三月中開始在京滬各地放映，轟動一時，迄二十七年冬仍續在國內外各地放映中。《密電碼》一劇係張道藩根據十六年在貴州辦理黨務不慎被軍閥周西成逮捕的親身經驗寫成的。

二十五年六月，劇作《狄四娘》發表於《文藝月刊》八卷六期上。該劇是據曾孟樸所譯由法國詩人兼劇作家雨果之劇本《項日樂》（Angeloo）改寫而成，以劇情曲折驚險，很合國人口味，成為張道藩劇作中前後演出時間最長者，自是年五月由南京國立戲劇學校作第一次公演後，迄五、六〇年代還在香港、臺灣公演並造成轟動。是劇先於三十二年一月，由重慶正中書局列為《國立戲劇學校叢書》之一初版，繼於三十五年十一月在上海印行增訂初版。

二十六年五月，電影劇本《密電碼》及四幕劇《最後關頭》，一起發表於《文藝月刊》十卷四、五期合刊上。《最後關頭》劇情暗寓中日戰爭不可避免，係一種預言作品，由二十四年冬構思動筆，到二十五年秋寫成完稿。該劇

《自救》

旋於發表後二個月，由南京國華印書館初次印行單行本；再於二十七年十一月由重慶藝文研究會重新排印，列為《抗戰戲劇叢書之五》，書後附有獨幕劇《殺敵報國》。《最後關頭》一劇，在抗日戰爭爆發後，先後在長沙，以及京、漢、蘇、皖、贛、湘、鄂各地公演不斷，是張道藩劇作中傳播最廣與公演次數最多者。

二十六年十一月下旬起，獨幕劇《殺敵報國》，連載於南京《新民報》副刊。次月，該劇由長沙國立戲劇學校列為《戰時戲劇小叢書》第四種，初次印行單行本。

三十四年十二月，張道藩為利於演出將《第一次的雲霧》劇情改寫成中國故事，取名《蜜月旅行》，由上海正中書局初版。

三十七年三月，第二部電影劇本《再相逢》，發表於武昌《文藝》月刊六卷三期。同年，該劇由中央電影企業公司拍成電影上映，劇本係以抗戰末期貴陽前線難民流離失所的情形為背景，演出愛情糾紛的故事。

同年八月，譯作三幕劇《忘記了的因素》（美國作家Allan Thornhill原著，書名原文為The Forgotten Factor），由上海獨立出版社初版。

來臺多年後，張道藩將以前所出版或發表過的戲劇著譯《自救》、《狄四娘》、《殺敵報國》、《最後關頭》、《蜜月旅行》、《忘記了的因素》、《自誤》等分成七冊，編成《張道藩戲劇集》，於四十六年十月由臺北正中書局印行臺灣版。

張道藩逝後兩週年，即五十九年六月，蔣碧微又將前述正中版《張道藩戲劇集》編成一冊，由其私人自費印行，以完成張道藩所囑託的第二個心願。

　　此外，道藩文藝圖書館也曾於去世十週年，即六十七年六月將張道藩去世當年所寫的一部四幕劇《留學生之戀》手稿影印多冊，分寄各圖書館典藏，這是張道藩的最後一部劇作，講的是他留學歐洲時的愛情故事。

　　綜上所述，張道藩一生中總共創作六部話劇，兩部電影劇；翻譯兩部戲劇，改寫兩部戲劇。其中《密電碼》係一為話劇劇本，一為電影劇本，按兩部計算。

　　張道藩可說是個多才多藝的人。對於戲劇、電影，他不但能編能譯，也能導能演。二十三、四年《自救》、《自誤》在南京的公演，都曾由他自己擔任導演的；二十五年冬，國立戲劇學校師生為了籌募慰勞在綏遠的抗日國軍，在南京公演《紅燈籠》一劇，他也第一次粉墨登場，飾演一位五十來歲的鄉巴佬。二十六年春，電影《密電碼》由中電拍成，他不但是編劇者與導演之一，同時還與當時的中央宣傳部副部長方治同在劇中現身說法，以示倡導。張道藩演的是武漢慶祝北伐勝利大會的主席；方治演的是奉派赴黔四位人員的監誓人。

　　然而，我以為張道藩對於戲劇的最大貢獻在於對戲劇運動的提倡，以及創辦國立戲劇學校，培養出無數的傑出人材，帶動我國劇運的蓬勃發展。

　　首先，二十三年夏，張道藩在南京發起組織「公餘聯歡社」，他自任理事長，張劍鳴任總幹事。「公餘聯歡社」的戲劇組中有話劇股，在張道藩、謝壽康等領導下，時常有話劇的演出。

　　張道藩深切體認到戲劇對於文化建設及社會教育有重大關係，而當時全國僅北平有程硯秋所辦的北平戲曲專科學校，以訓練平劇人才

為宗旨；濟南有王泊生主持的山東省立劇院，以創造中國新歌劇為號召；但是全國卻沒有一所專門訓練話劇人才的學校。

　　二十四年六月中旬，張道藩乃約請陳立夫、覃振、焦易堂、馬超俊、段錫朋、洪陸東、王祺、李宗黃、傅汝霖、梁寒操、羅家倫等十二位中央委員聯名上呈中央創設國立戲劇學校（簡稱「劇校」）。經中央會商教育部後於七月中批准，並指派張道藩、方治、雷震、張炯、余上沅組織籌備委員會，以張道藩為籌備主任。十月十八日，劇校在南京正式成立，以張道藩為校務委員會主任委員，以余上沅為校務委員兼校長。二十九年夏，劇校升格為專科學校，取消校務委員會而由校長主持校務。劇校自二十四年十月成立，迄三十八年四月南京淪陷學校被中共接管，存在時間長達十三年又七個月，在該校肄業和畢業的學生將近一千一百人。　劇校成立不到一年，即使南京取代上海，成為全國話劇活動中心；接著在抗戰八年造成話劇一枝獨秀，凌駕在所有其他文藝活動之上，也造成民國以來話劇活動最為蓬勃發展的黃金時代。

　　抗戰初期，張道藩於二十七年一月至二十八年八月擔任教育部常務次長。其間，他還以常次身份兼部內「教科用書編輯委員會」及「音樂教育委員會」之主任委員。

　　在教部常次任內，張道藩最關心重視的仍是戲劇教育及活動。除指定社會司主辦全國戲劇教育外；並在二十七年度內，先後成立教育部第一、二、三巡迴戲劇教育隊，到全國各地一面巡迴施教作示範演出，一面輔導地方戲劇教育實施組訓工作。

　　二十七年底，張道藩又在他主持的「教科用書編輯委員會」內增設「劇本整理組」，聘趙太侔擔任主任，負責新舊劇本整理與編輯工

作，並特別注意各種劇本之蒐集。

　　戰時，戲劇演出既頻繁，劇本的供應就有迫切需要。在張道藩的主張下，教育部在二十七年曾徵求一次抗戰劇本，經選出沈蔚德的《民族女傑》、江流的《自由的兄弟》、陳啟素的《生死線》、邱楠的《聖戰曲》、蕭斧的《老教師》、左明的《上海之夜》、趙如琳的《衝出重圍》等十五種，列為《教育部徵選抗戰創作劇選叢書》，自三十年八月起，由重慶正中書局先後出版。

　　此外，在張道藩主持下的「文藝獎助金管理委員會」曾於三十一、二年間獎助出版《抗戰文藝叢書》五種，其中劇本的比例佔了二種，即吳祖光的《正氣歌》及洪深的《黃白丹青》。

　　由上述的事實，可顯示出戲劇是張道藩的最愛且最關心重視的。

（三）文藝政策觀

　　我以為張道藩對文藝界影響最大的是他的文藝政策觀。由於他一生在高層黨政界的一帆風順，由於他是國民黨高官中對文藝及文藝工作者最為關愛者，更由於他是國民黨多年來最高的文藝主管。因此他的文藝政策觀逐漸匯聚形成政府當局的文藝政策，從而對文藝界產生鉅大的影響。

　　張道藩自十五年夏由法國學成歸國後，迄二十四年底為止，主要係從事黨務工作。他的踏入文藝界，大約可從二十一年五月四日當選改組後的「中國文藝社」理事開始。「中國文藝社」主要係以首都南京國民黨員中對文藝有興趣幾十位同志為中心組成的，公推葉楚傖為理事長。主要的社員另有方治、王平陵、左恭、鍾天心、徐仲年、華林、繆崇群、鍾憲民等。他們的社刊《文藝月刊》創刊於十九年八月

十五日，由王平陵、左恭等主編。《文藝月刊》接受有國民黨中央宣傳部津貼，以鼓吹三民主義文藝為發刊宗旨，由於寫稿者大多為南北著名作家，該刊成為三〇年代中國國民黨辦得最為成功的文學刊物。二十四年十月一日，「中國文藝社」又再改組，分為「文藝月刊社」及新成立的「文藝俱樂部」兩部份。張道藩也透過「中國文藝社」及他自己創立的「中國美術會」、國立戲劇學校認識許多文藝界人士。

二十四年十一月，國民黨改組。次月，張道藩擔任新成立的中央文化事業計劃委員會副主委，主委即是一直最賞識他的黨國元老陳果夫。這是張道藩後來能成為國民黨最高文藝主管的契機。

二十七年三日二十九日至四月一日，國民黨在武昌召開臨時全國代表大會，會中通過確定文化政策的議案。議案是由陳果夫提出，內容則是根據中央文化事業計劃委員會所訂的「文化事業計劃綱要」重新整理而成。而張道藩既是「綱要」的策劃人之一，又是該議案的負責起草人之一。文藝是文化部門的主要一環，其中與文藝有關的綱領共有五條：

一、要建立三民主義的哲學、文學、及社會科學的理論體系。

二、要創制發揚民族精神，與國家社會公共生活相應，莊敬正大，剛健和平的樂章。

三、要實施總理紀念獎金辦法，以策勵文藝、社會科學、自然科學、教育及社會服務的進步。

四、要設立國家學會，選拔文學、藝術、科學各方面的專家，以獎勵學術研究的深造。

五、要推廣新聞、廣播、電影、戲劇等事業，以發揚民族意識為主旨。

這是國民黨在大會中正式提出有關「文藝政策」的第一次。再試觀張道藩後來的經歷及事業與此五條綱領倒若合符節。

在武漢期間、張道藩還先後加入四個全國性的文藝社團，並在其間擔負重要事務工作。這四個社團先後是「劇協」、「影協」、「文協」、「美協」。

二十九年四月，「文藝獎助金管理委員會」（簡稱「文獎會」）在重慶成立。該會名義上雖由中央社會部及中央宣傳部等機構聯合設置，但實際上由張道藩負責主持。「文獎會」由中央撥給十萬元基金作為對貧困作家之補助，優良文藝雜誌、著作、作品之獎勵或補助出版發表。「文獎會」開始時，經常以「特約撰述、預付稿費」方式對一些著名作家按月予以補助；在三十一、二年間，又以獎勵出版方式，先後印行《抗戰文藝叢書》五種，如老舍的《劍北篇》（三十一年五月）、吳祖光的《正氣歌》（三十一年六月）、吳組緗的《鴨嘴澇》（三十二年三月）、沈起予的《人性的恢復》（三十二年六月）、洪深的《黃白丹青》（三十二年二月）；又《文學名著譯叢》二種，如徐霞村、高滔合譯的《白癡》（三十二年二月）和韓侍桁翻譯的《哥薩克人》（三十二年八月）。

三十二年秋，「文獎會」經各有關機關決定移歸「中央文化運動委員會」辦理，並正式委派張道藩為主任委員，洪蘭友為副主任委員。

「中央文化運動委員會」（簡稱「文運會」）是國民黨在抗戰中期成立的新機構，是國民黨的最高文化決策機構。「文運會」是三十年二月七日，由中宣部呈准成立的，由張道藩任主任委員，潘公展（後改胡一貫）、洪蘭友任副主任委員，華林任總幹事。

「文運會」成立之職責在領導全國文化運動，並聯繫羅致全國文藝界優秀作家及音樂、美術、戲劇、電影、民間藝術各部門的專門人才，以期集思廣益，為共同之努力。，經「文運會」約聘為委員的人數先後已將近三百人，其中成名耆宿固然很多，青年俊彥也不在少數。

為了具體推動文化運動，實質即為三民主義的文化運動，張道藩在三十二年九月的國民黨五屆十一中全會提出由其擬定的「文化運動綱領」，經大會議決通過公佈實施。嗣後又再擬定「文化運動綱領實施辦法」，於三十四年三月五日經五屆中常會第二七九次會議通過實施。張道藩所苦心策劃推動的文化運動，其實施辦法雖已綱張目舉，但隨著接踵而來的勝利、復員、戡亂，整個國家一直處在動盪不安中，我們後來實在看不到有好的成效。

「文運會」這長遠理想的目標一時雖不易達成，但它的一般性經常工作卻是立竿見影，大家有目共睹的。這些經常性工作主要有：

一、舉辦各種文化座談會。

二、應節舉辦戲劇、美術、音樂等各節之慶祝會。

三、定期舉辦各種文化講座，迄三十四年夏止，已超過一百二十次以上。

四、定期舉辦文化機關間的聯誼會。

五、透過中央廣播電臺定期作全國文化動態廣播。

六、編印刊物及叢書。

七、獎勵戲劇寫作，從三十二年度起舉辦優良劇本甄選，對錄取之劇本作者致贈獎金，以資鼓勵。

八、設置文化招待所，款待各地文化工作者來渝短期寄居。

九、作家動態及書刊出版之調查紀錄
　　整理。

十、設立資料室，供文友研究參考。

十一、修葺文化會堂，借各團體集會
　　　之用。

十二、資助由淪陷區來渝之文化界人士。

　　上述編印刊物及叢書，可再詳述
如下。刊物共有二種，一為《文化先
鋒》，三十一年九月一日創刊，由李
辰冬主編，先是週刊後改半月刊，迄
三十七年九月，出至九卷七期後停刊。
一為《文藝先鋒》半月刊，由王進珊、
李辰冬、徐霞村先後主編，迄三十七
年冬，出至十三卷四期後停刊。叢書
名《文化運動叢書》，出過十種以上，
主要有1.三民主義之文化運動2.抗戰四
年來的文化運動：張道藩、陳立夫等
著（上冊，三十年七月；下冊，三十年八
月）3.科學化運動：朱家驊、翁文灝等
著（三十年十月）4.文藝論戰：張道藩
等著（三十三年七月）5.新人生觀與新文
藝：李辰冬著（三十四年七月）6.自然與
人生：陳正祥著（三十四年六月）等。

《民俗藝術考古論集》

以上這些作為想法都是張道藩親身體驗的結晶。此外，當時他在三十一年九月一日出版的「文化先鋒」創刊號上以個人名義發表了長達約二萬餘言的〈我們所需要的文藝政策〉，實有其重大意義在。由發表的時間及內容來看，我們相信這是針對同年五月毛澤東的「在延安文藝座談會上的講話」精心撰寫的。該文除曾收於上述《文藝論戰》一書外，在五十九年七月再由臺北中國語文學會根據修正稿重出單行本。

抗戰到達後期時，國共磨擦又逐漸日趨激烈。文藝團體更是明顯，且多已由左派文化人所掌握。身為「文運會」負責人，張道藩怎能不憂心忡忡，思謀有以抵制。雖然「文協」從二十七年三月創立迄三十三年四月舉行六屆年會時，張道藩一直都是維持理事身份參與活動，但到後來已發覺非另起爐灶不可。三十三年十一月五日，張道藩、潘公展等在重慶即另行發起成立「中國著作人協會」，並請吳敬恆、于右任、張繼、戴季陶、孫科、陳布雷、陳果夫、朱家驊為名譽會員。惟會議開至中途即遭到中共作家夏衍等有計劃的退場，以示抵制。

三十四年十月十日，「文協」在重慶召開理監事聯席會議，認為抗日經已勝利，應將「中華全國文藝界抗敵協會」中「抗敵」兩字取掉，簡稱仍稱「文協」。三十五年一月，張道藩即再連絡一批右派作家，成立「中華全國文藝作家協會」並擔任理事長，與原「文協」分庭抗禮，各別苗頭。

三十八年來臺後，張道藩仍以文藝大家長的身份首先在臺北創設「中華文藝獎金委員會」；不久又發起「中國文藝協會」，繼續為臺灣文藝工作者盡心盡力。

　　五十五年三月，國民黨九屆三中全會中為適應當前革命任務要求，通過「強化戰鬥文藝領導方案」，增進對於文藝的輔導與服務。張道藩本是該方案審查組的召集人，會後理所當然的擔任新成立的「中央文藝工作指導小組」第一召集人，事實上再度成為國民黨文藝政策的最高負責人。

　　張道藩的文藝政策觀最後具體而微地顯示在五十六年十一月國民黨九屆五中全會所通過的「當前文藝政策」該案上。這是民國以來我國文藝政策的新里程碑。除了確定文藝的基本目標及創作路線外，更重要的是政府要設立專責的文藝機構作為輔導；政府更要設置鉅額文藝基金，列入預算，作為培養人才，獎勵作品之經費等等。這個具有前瞻性的文藝政策，事實上係透過張道藩的苦心策劃，經大會修正通過的。最重要的是，這個文藝政策並不是開過會後就束之高閣存檔了事，後來的發展正顯示它的正確性與可行性。

　　最後還要提及的是，作為文藝作家的張道藩，除了前面先後提及的著述外，他生前曾於四十三年四月由臺北文藝創作出版社印行《三民主義文藝論》一書，內容包括實質論、創作方法論、形式論三部份。逝後又承傳記文學出版社於五十七年十月一日印行他自傳的一部份《酸甜苦辣的回味》；中國語文學會於五十八年七月印行他的論文〈我對中國語文的看法〉。

　　事實上，張道藩生前發表過的許多重要文章，大多散見於南京的《文藝月刊》，漢口的《抗戰戲劇》半月刊、《戲劇新聞》週刊，重慶的《文藝先鋒》、《文化先鋒》及《文藝月刊·戰時特刊》，臺北

的《文藝創作》月刊等刊物上。黨史會或文工會如能廣泛蒐輯，儘速出版他的《文集》，則不失為對張道藩的最有意義的紀念。

原載《近代學人風範》第三輯《但開風氣不為師》，
民國八十年七月十五日，臺北文訊雜誌社初版。

主要參考著作：

1.趙友培：《文壇先進張道藩》，民國六十四年六月，臺北重光文藝出版社初版。

2.教育部：《第二次中國教育年鑑》（四冊），民國三十七年十二月，上海商務印書館初版。

3.張道藩：《張道藩戲劇集》（七冊），民國四十六年十月，臺北正中書局臺初版。

4.杜雲之：《中華民國電影史》（上下冊），民國七十七年六月，臺北行政院文化建設委員會初版。

5.公孫魯：《中國電影史話第二集》，六〇年代初，香港南天書業公司初版。

6.文天行、王大明、廖全京：《中華全國文藝界抗敵協會資料彙編》，一九八三年十二月，成都四川省社會科學院出版社初版。

7.藍海（田仲濟）：《中國抗戰文藝史》，一九八四年三月，濟南山東文藝出版社初版。

8. 蘇光文：《抗戰文學紀程》：一九八六年四月，重慶西南師範大學出版社初版。

9. 閻折梧：《中國現代話劇教育史稿》，一九八六年五月，上海華東師範大學出版社初版。

10. 徐迺翔：《中國現代文學辭典III‧戲劇卷》，一九八九年十一月，南寧廣西人民出版社初版。

11. 國立劇校：《國立戲劇專科學校成立十週年紀念刊》，民國三十四年九月重慶該校初版。

12. 文運會：《四年來之中央文化運動委員會》，民國三十四年四月，重慶該會初版。

13. 張道藩等：《文藝論戰》，民國三十三年七月，重慶中央文化運動委員會初版。

14. 國立政治大學：《國立政治大學校史稿》，民國七十八年五月二十日，臺北該校初版。

15. 劉國銘：《中華民國國民政府軍政職官人物誌》，一九八九年三月，北京春秋出版社初版。

16. 唐沅等：《中國現代文學期刊目錄彙編》（上下冊），一九八八年九月，天津人民出版社初版。

《現代文壇繽紛錄——作家剪影篇》圖片來源

苦學成名的散文劇作家柯靈

柯靈　　　　　　　　　　　　　《磨墨人生——柯靈畫傳》
　　　　　　　　　　　　　　　陳恩和編

第一位《荒原》的譯者——趙蘿蕤

趙蘿蕤　　　　　　　　　　　　沈建中攝，《我的讀書生涯》
　　　　　　　　　　　　　　　趙蘿蕤著

世紀映像叢書

世紀映像叢書

世紀映像叢書

世紀映像叢書

國家圖書館出版品預行編目

現代文壇繽紛錄－作家剪影篇 / 秦賢次著.--
一版.-- 臺北市：秀威資訊科技, 2008.01
面； 公分. --（語言文學；PG0176）

ISBN 978-986-6732-83-6（平裝）

1.作家 2.傳記 3.中國當代文學

782.248   97002121

 語言文學 PG0176

現代文壇繽紛錄─作家剪影篇

作　　者 / 秦賢次
主　　編 / 蔡登山
發 行 人 / 宋政坤
執行編輯 / 黃姣潔
圖文排版 / 陳湘陵
封面設計 / 莊芯媚
數位轉譯 / 徐真玉、沈裕閔
圖書銷售 / 林怡君
法律顧問 / 毛國樑　律師
出版印製 / 秀威資訊科技股份有限公司
　　　　　台北市內湖區瑞光路583巷25號1樓
　　　　　電話：02-2657-9211　傳真：02-2657-9106
　　　　　E-mail：service@showwe.com.tw
經 銷 商 / 紅螞蟻圖書有限公司
　　　　　台北市內湖區舊宗路二段121巷28、32號4樓
　　　　　電話：02-2795-3656　傳真：02-2795-4100
　　　　　http://www.e-redant.com

2008 年 1 月　BOD 一版
定價：260 元

國家圖書館出版品預行編目

現代文壇繽紛錄－作家剪影篇 / 秦賢次著.--
一版.-- 臺北市：秀威資訊科技, 2008.01
面； 公分. --（語言文學；PG0176）

ISBN 978-986-6732-83-6（平裝）

1.作家 2.傳記 3.中國當代文學

782.248　　　　　　　　97002121

語言文學　PG0176

現代文壇繽紛錄─作家剪影篇

作　　者 / 秦賢次
主　　編 / 蔡登山
發 行 人 / 宋政坤
執行編輯 / 黃姣潔
圖文排版 / 陳湘陵
封面設計 / 莊芯媚
數位轉譯 / 徐真玉、沈裕閔
圖書銷售 / 林怡君
法律顧問 / 毛國樑　律師
出版印製 / 秀威資訊科技股份有限公司
　　　　　台北市內湖區瑞光路583巷25號1樓
　　　　　電話：02-2657-9211　傳真：02-2657-9106
　　　　　E-mail：service@showwe.com.tw
經 銷 商 / 紅螞蟻圖書有限公司
　　　　　台北市內湖區舊宗路二段121巷28、32號4樓
　　　　　電話：02-2795-3656　傳真：02-2795-4100
　　　　　http://www.e-redant.com

2008 年 1 月　BOD 一版
定價：260 元

讀 者 回 函 卡

感謝您購買本書，為提升服務品質，煩請填寫以下問卷，收到您的寶貴意見後，我們會仔細收藏記錄並回贈紀念品，謝謝！

1. 您購買的書名：_____

2. 您從何得知本書的消息？

   □網路書店　□部落格　□資料庫搜尋　□書訊　□電子報　□書店

   □平面媒體　□ 朋友推薦　□網站推薦 □其他_____

3. 您對本書的評價：(請填代號　1.非常滿意 2.滿意 3.尚可 4.再改進)

   封面設計____　版面編排____　內容____　文/譯筆____　價格____

4. 讀完書後您覺得：

   □很有收獲　□有收獲　□收獲不多　□沒收獲

5. 您會推薦本書給朋友嗎？

   □會　□不會，為什麼？_____

6. 其他寶貴的意見：_____

_____

_____

_____

讀者基本資料

姓名：_____　年齡：_____　性別：□女 □男

聯絡電話：_____　E-mail：_____

地址：_____

學歷：□高中(含)以下　□高中　□專科學校　□大學

   □研究所(含)以上 □其他_____

職業：□製造業 □金融業 □資訊業 □軍警 □傳播業 □自由業

   □服務業 □公務員 □教職　□學生 □其他_____

To：114

台北市內湖區瑞光路 583 巷 25 號 1 樓

秀威資訊科技股份有限公司　　　收

寄件人姓名：

寄件人地址：□□□

- -

(請沿線對摺寄回,謝謝!)

秀威與 BOD

BOD（Books On Demand）是數位出版的大趨勢,秀威資訊率先運用 POD 數位印刷設備來生產書籍,並提供作者全程數位出版服務,致使書籍產銷零庫存,知識傳承不絕版,目前已開闢以下書系：

一、BOD 學術著作—專業論述的閱讀延伸
二、BOD 個人著作—分享生命的心路歷程
三、BOD 旅遊著作—個人深度旅遊文學創作
四、BOD 大陸學者—大陸專業學者學術出版
五、POD 獨家經銷—數位產製的代發行書籍

BOD 秀威網路書店：www.showwe.com.tw
政府出版品網路書店：www.govbooks.com.tw

永不絕版的故事・自己寫・永不休止的音符・自己唱